RESKILLING OF ENGINEER

エンジニアの持続的成長37のヒント

株式会社テクノプロ テクノプロ・デザイン社 採用本部長

阪上 誠

ビジネス教育出版社

まえがき

「35歳定年説」を恐れるエンジニア※が8割！

※本書では、エンジニアはエンジニア全般のことを指します。

ＩＴエンジニアの「35歳定年説」――

これは、ＩＴエンジニアの多くが35歳を迎えるまでに「活躍の場」を奪われ、「ジョブチェンジ」を余儀なくされることを意味する〝1つの説〟です。

「エンジニアとして活躍し続けたいのに、働き盛りのうちに「エンジニア人生を終えてしまうのではないか？」

そんな不安な気持ちになるエンジニアは少なくありません。

あなたも、もしかしたらいつまで活躍できるかわからない現状に「一抹の不安」を覚えているのではないでしょうか？

さて、なぜこのような事態が起こっているのでしょうか？

その理由は、「**テクノロジーの進化の速さ**」です。

私たちを取り巻くテクノロジーは、日進月歩のスピードで、高度化・先鋭化しています。

テクノロジーの進化のスピードにエンジニアの技術力が追いつかず、あれよあれよと、置き去りになることが少なくないのです。

また、エンジニアが長く活躍するための「キャリアパス（キャリア設計）」や「リスキリング・教育・研修」を適切に提供する会社が少ないのも、大きな要因の一つです。

現役のエンジニアに、「会社にキャリアパスがあるか」を調査したアンケートがあります。

その結果、「キャリアパスがある」と答えたエンジニアは「51・3%」でした。
約半数のエンジニアは、「己の技術力の先細り」に対処できないまま、「エンジニア人生の終了」を余儀なくされる可能性があるのです。
これは、ほんとうに残念なことです。

日本企業の多くは、知らず知らずのうちに未来あるエンジニアの可能性を摘んでしまっているのです。
さらにいうと、今後はひとつの企業にとどまり働く時代ではありません。

さて、エンジニアが、自らの職能や特技を活かし、「市場価値の高いエンジニア」として活躍し続けるには、どうすればよいでしょうか？

私は、次の5点が、もっとも重要だと考えています。

・**食わず嫌いせず「先端テクノロジー」を学ぶ**
・**ハード&ソフトに強い「ハイブリッドエンジニア（二刀流エンジニア）」になる**
・**「斜め上」に挑戦する**
・**「学び仲間」を作る**
・**エンジニアこそ「顧客の声」を聴く**

これらが、エンジニアとして、絶え間なく、成長し続け、生涯現役で活躍し続けるために欠かせない「絶対条件」です。

私は、持続的に成長することで、活躍し続けるエンジニアのことを「**サステナブルエンジニア**」と呼んでいます。

本書では、エンジニアのみなさんが「サステナブルエンジニア」として、「一生涯、成長し続ける極意」を解説します。

「何歳まで活躍できるかわからず、不安……」

「市場価値の高いエンジニアとして、いつまでも活躍したい！」

という方は、本書を読んで、ヒントを得てみてください。

新卒から70代まで幅広いエンジニアが数多く在籍する会社で、「採用本部長」を務める私があなただけに、とっておきの秘策をお伝えします。

出典：エンジニアtype／「『コードで食っていく』は何歳まで可能か？ エンジニア300人調査で見えた理想と現実」
https://type.jp/et/feature/929/2/

「サステナブルエンジニア」になる方法

30〜64歳の現役エンジニア1000人にアンケート調査を行った結果、8割が「定年後も働きたい」と回答していました。出典：【エンジニア調査】現役エンジニアの80％以上が「定年後も働きたい」https://staffing.archetyp.jp/magazine/senior-engineer/

もしもあなたも、「長く、エンジニアとして活躍し続けたい！」と考えているのならば「サステナブルエンジニア5原則」を参考にしてみてください。

この5原則を守ることで、一生涯成長し続ける「サステナブルエンジニア」になれます。

∧サステナブルエンジニア5原則∨

①食わず嫌いせず「先端テクノロジー」を学ぼう
②ハード&ソフトに強い「ハイブリッドエンジニア」になろう
③「斜め上」に挑戦しよう
④「学び仲間」を作ろう
⑤エンジニアこそ「顧客の声」を聴こう

本書の中で、詳しくそして決して無理のない方法を、この5原則に沿ってご紹介していきます。ぜひご期待ください。

エンジニアのキャリアは「業界軸」ではなく「技術軸」で描こう

申し遅れましたが、本書著者の阪上誠（さかがみ・まこと）と申します。

現在、国内外の企業様にエンジニアリングサービスを提供している「テクノプロ・デザイン社」で、「採用本部長」を務めています。

テクノプロ・デザイン社には「約8,000名」の「エンジニア」が在籍し、テクノプロ・グループ全体では、国内外で「28,000名以上」もの「エンジニア」が在籍しています。これは、いわゆる技術系人材サービス業界のなかでも、「随一の社員数」です。

テクノプロ・デザイン社の魅力は、「人数の多さ」だけではありません。テクノプロ・デザイン社のエンジニアは、「技術力」「コミュニケーション力」「チームワーク力」「提案力」などの総合力において、高い評価を受けています。

評価が高くてすごいという話をしたいのではなく、エンジニアの皆様が生き生きと働いていることが、高評価に繋がっていると私は理解しており、それが一番の誇りです。

私は常々エンジニアたちに「**やりたいこと**」「**特技**」「**リスキリング**」「**自分の能力を**

発揮できる場所」の4つが重要だ、と伝えています。その中でも私がとくに言いたいのは、「**自分がやりたい」と思える分野や業務を見つけて、それを大事にする**ことです。もちろん、続きは本文にて詳しくお伝えさせていただきます。

エンジニアは、適切な方法でリスキリングを行えば80歳を超えようとも現役で仕事を続けることができます。「永く活躍できるエンジニアを1人でも多く増やしたい」そういう想いで今回筆をとりました。

エンジニアという仕事は素晴らしいものです。

本書ではそんなエンジニアの魅力や仕事の面白さも伝われば幸いです。

第6章　ハイパーJOB型人材に定年退職はない　181

第7章　日本は「Engineer Expand（技術者の技能拡張）」で「世界に羽ばたく国」になる　211

第1章

「10年後、私のスキルは陳腐化してしまうのか？」

なぜ「未来が描けないエンジニア」が多いのか？

職業柄、ほぼ毎日のようにエンジニアと話すことが多い私ですが、会話の中で自然と話題にのぼるのが「将来のこと」です。「今の仕事はやりがいもあって楽しいけれど、5年後も同じ仕事ができるんでしょうか……」そう話すエンジニアもいれば、「目の前のことでいっぱいいっぱい。未来のことなんて考える暇がない……」とぼやくエンジニアもいます。

プロジェクト進行において大事な役割を担うエンジニア。私から見ればみなさん優秀だな、と思う反面「**未来が描けない**」という共通点を持っているように感じます。

ではなぜ、未来が描けないのでしょうか？　その理由は大きく分けて3つあります。

1　テクノロジーの急速な進歩

ご存じの通り、ソフト面もハード面も、エンジニアリングの世界において、現代は加速度的にテクノロジーが進歩し続けています。それだけではありません。これまで以上に高度な専門性が求められるだけでなく、複数の分野にまたがった知識が必要になることも多々あるでしょう。今現在使っている技術がそっくりそのまま5年後、10年後も絶対に求められるかというと、正直難しいと言わざるを得ません。

エンジニアだからこそ、こうした技術の進歩や新しい技術に「ワクワク」する部分も当然あるでしょう。しかし、同時に技術の進歩を脅威にも感じているはずです。

経済産業省が出している資料『未来人材ビジョン』によると、IT人材エンジニアの実に半数近くが、「**自分の技術やスキルがいつまで通用するか不安だ**」さらには「**新しい技術やスキルがいつまで習得し続けられるか不安だ**」と回答しています。このように急速な技術の進歩が、エンジニアの不安を駆り立てているのです。

2　労働環境

みなさんは、「**IT人材35歳定年説**」を聞いたことがありますか？　2000年ごろから言われるようになったこの言葉ですが、これは当時のエンジニアが働くブラックな環境を表しています。深夜残業、休日出勤は当たり前。過剰な残業で肉体的にも精神的にもボロボロ……。こうした状況から、エンジニアが「ＩＴ土方」と表現されることもありました。

このような過酷な労働環境に耐えられるのは、体力がある35歳まで。結婚や子育てなどでライフスタイルが変われば、独身の時のように働き続けることは難しくなるでしょう。こうしたことから、ＩＴ人材35歳定年説はまことしやかにささやかれてきました。

現在では随分「ブラック」な労働環境は改善されつつありますが、それでもエンジニアの開発現場は常に忙しいもの。毎日決められたタスクをこなすことはもちろん、ひとたびトラブルなどが起これば対応するといった業務負担もあります。これでは「新しい技術を学ぶための時間確保」も、「自身のキャリアプランのUpDate」も難しいと言わざるを得ません。こうした労働環境も「未来が見通せない」ひとつの原因なのです。

3　クリエイティブ能力

誤解をしていただきたくないのですが、エンジニアの方全員がクリエイティブ能力に欠けている、とは思っていません。しかし、日本の高度経済成長モデルの弊害かもしれませんが、ゼネラリストの文系が想像し、理系がそれを技術力で実現する。それをまた文系が売りさばくといった役割分担が自ずとなされていると感じます。

例えば文系の方は、一般的に対人交渉や、マーケティング、企画など非定型な業務に就くことが多いため、いわゆる「**答えのない仕事の中でさまざまな対応を求められる**」機会が増えます。そのため自然とクリエイティブな能力が身につくのです。

一方理系の方は、というと特定の分野において深く探求し、自らの技術力で製品をつくり上げるという性質、いわゆる「**職人気質**」の方が多いです。もちろん、新規事業などでゼロから商品を企画する場合もあるかもしれませんが、多くの場合、どの市場の誰の何の課題を解決するために、どういう機能を持ったプロダクトを開発するかを決めた要件定義や仕様が準備されてから、実務がスタートします。明確なゴール設定があってのスタートです。いわば1を10にする、１００にするという能力が求められるのです。

そのため、「未来」という不確かなものをクリエイトすることに苦手意識を持つのではないでしょうか。エンジニアの方たちにクリエイティブ能力が育たない、世の中の仕組みがあるといってもよいかもしれません。

文系と理系の違いは会話から表れることもあります。「文系の方はビジョンや全体像の話を進めたがる」「理系の方は一つ一つ正確に話を進めたがる」というような、お互いの会話が平行線をたどってしまう。みなさんもそんな経験をされたことはないでしょうか。

これら3つの理由から、「未来を描けない」というエンジニアの方々が多くなっていると私は考えています。

「求められる今は安心、10年後は〝未知数〟」と感じるエンジニア

経済産業省が発表した『IT人材の最新動向と将来推計に関する調査結果』によると、2030年、IT人材は最大で約79万人足りないと試算されているようです。ま

た、先端ＩＴ人材、従来型ＩＴ人材といった分類もされていて、先端ＩＴ人材は54．5万人不足し、従来型ＩＴ人材は９．７万人余剰・・・というデータもあります。この資料からでは、具体的にどの職種が足りないか予測することは難しいですが、ひとつ言えるのはＩＴ業界の構造が大きく変わらない限り、**若くて比較的報酬が低いエンジニアの不足が起こる**だろう、ということです。ここでいう構造とはすなわち、企業側が人件費をできるだけ安くして、利益をいただく、ということを指します。しかし、一方で**こういった「ボリュームゾーン」は、生成ＡＩなどの技術進化によって最も脅かされそうなゾーン**でもあります。

また、「我が国におけるレガシーシステムの刷新等を含めたデジタルトランスフォーメーション（ＤＸ）の積極的な取り組み等により、ビジネスモデルの改革や付加価値創出による生産性の上昇等が実現すれば、生産性がこれまで以上に上昇し、ＩＴ人材の需給ギャップが緩和されると期待される」とも報告されており、需給ギャップ０人のシナリオも作られています。

表 3-13　2030 年時点での IT 人材の需給ギャップ

IT 需要の伸び		IT 人材需給ギャップ
生産性上昇率 0.7%（基本ケース）		
低位	1%	16.4 万人
中位	2〜5%	44.9 万人
高位	3〜9%	78.7 万人
生産性上昇率 2.4%		
低位	1%	△7.2 万人
中位	2〜5%	16.4 万人
高位	3〜9%	43.8 万人
生産性上昇率 1.84%（低位）、3.54%（中位）、5.23%（高位）		
低位	1%	0 人
中位	2〜5%	0 人
高位	3〜9%	0 人

無印：需要数＞供給数、△：供給数＞需要数

経済産業省委託事業—IT 人材需給に関する調査—調査報告書　2019 年 3 月　みずほ情報総研株式会社

ＩＴ人材不足を解消しようと、国も注力していることもあって、現在プログラミングスクールは非常に活況です。スキルを身に付けてエンジニアやプログラマーへ転職希望される方が増加しています。しかし、先ほどのようなお話でいくと、「10年後足りない」と言われている業務が、将来的には「足りている」業務になりうる可能性も十分あるということです。現在携わっている業務がなくなる、あるいは現在使用している開発言語、技術が10年後には陳

腐化してしまっている、という意味では「未知数」という言葉をネガティブに解釈することもできます。「実はエンジニアって、将来性がないのかも……」と悲観的にとらえるエンジニアの方もいらっしゃるかもしれません。

しかし、私はこの「未知数」という言葉をポジティブに解釈できると思っています。前述したように生成AIなどの先進的な技術によって、一部のプログラミングなどの仕事は失われてしまうことでしょう。しかし、そうした世界であっても、次に必要となる技術や、予測がつかない社会のニーズは必ず生まれてくるはずです。例えば、AIに**指示を与える上流工程の業務ニーズは今後一層高まる**ことでしょう。

さらに現在当社では、「5年後、10年後を見越して、エンジニアではない業務を経験しておきたい」と手を挙げる社員も増えてきています。エンジニア経験を活かして新たな仕事をする、というのは、エンジニア自身にとって、大きな強みにもなるはずです。

実際、エンジニアからセールス部門へジョブチェンジを行う社員や、エンジニアだったキャリアを活かして、企画部門に進んだ社員もいます。私自身、こうしたチャレンジはとても素晴らしいことだと感じています。

エンジニア以外の道に進んだとしても、ずっとその仕事をしなければならない、ということではありません。

何年か業務を経験してみて、「やっぱり違うな」と思えばまたエンジニアに戻ってくればいいのです。残念ながら文系で人生の半分近くまで来た私が、今からエンジニアになろうと思ったら絶望的に無理ではないかと思います。そういう意味で、**「エンジニア」というカードを持っていること自体、大きなメリットだととらえることができます。**

さらに付け加えるならば「未知数」という言葉を、ポジティブにとらえるためには、さまざまなチャレンジを良しとする、自己成長できる環境がとても重要です。

みなさんは「未知数」をポジティブにとらえていますか？

それともネガティブにとらえていますか？　もし、ネガティブにとらえているのなら、現在の業務や環境などを見直した方がよいのかもしれません。ではどのように見直していけばよいのか？　見直すポイントは何なのか？　そのあたりは、この後本書の後半で事例を交えながらたっぷりとお伝えしていきます。

リスキリングできない3つの理由

前項でお伝えした過重労働問題ですが、昨今、エンジニアの労働環境は改善されつつあります。国も、ＩＴ人材の長時間労働を是正する動きがあり、実際、大手企業では残業をさせない等の取り組みが進んでいます。しかしながら、中小企業では依然として労働時間が長時間になる傾向があるようです。

では、リスキリングを含む人材投資を企業はどれくらいしているのでしょうか。経済産業省による未来人材ビジョンによると、日本企業のＯＪＴ以外の人材投資額は、欧米と比較して**20分の1**だという現状があります。さらに、社外学習や自己啓発を行ってない人の割合は**約46％**、約半分にも上ります。もちろんこの割合はエンジニア以外の職種も含まれますが、このことから日本のサラリーマンは「**業務以外の学びをあまりしていない**」ことが推測できます。

では、エンジニアの方々がリスキリングをコミットできない理由はいったい何なのでしょうか。それには大きく分けて3つあります。

1つ目は、「**時間を確保できない**」あるいは「**確保する意識がない**」ことです。リスキリングに時間が割けるかどうかは、大手と中小企業とでは開きがあります。大手の場合、昨今では残業時間規制がかかっているため、長時間労働というのは減少傾向にあります。その気になれば勉強する時間は十分に取れるでしょう。それでも、学ぼうとする意思が欠けており、リスキリングにつながらないケースもあります。

一方で、1次請け、2次請けのような業務を請け負っている中小企業の場合はなかなかそうはいかない現状があります。例えばシステムの不具合が突然発生し、緊急で対応しなくてはならない場合や、お客さまから呼ばれて土日返上で作業に当たることなど、大手企業と比較しても、こうした対応が多くなります。そうなると、目の前の業務に集中せざるを得なくなり、将来のための学びは二の次になってしまうのです。

2つ目は、「**企業にリスキリングができる環境が整っていない**」ことが挙げられます。

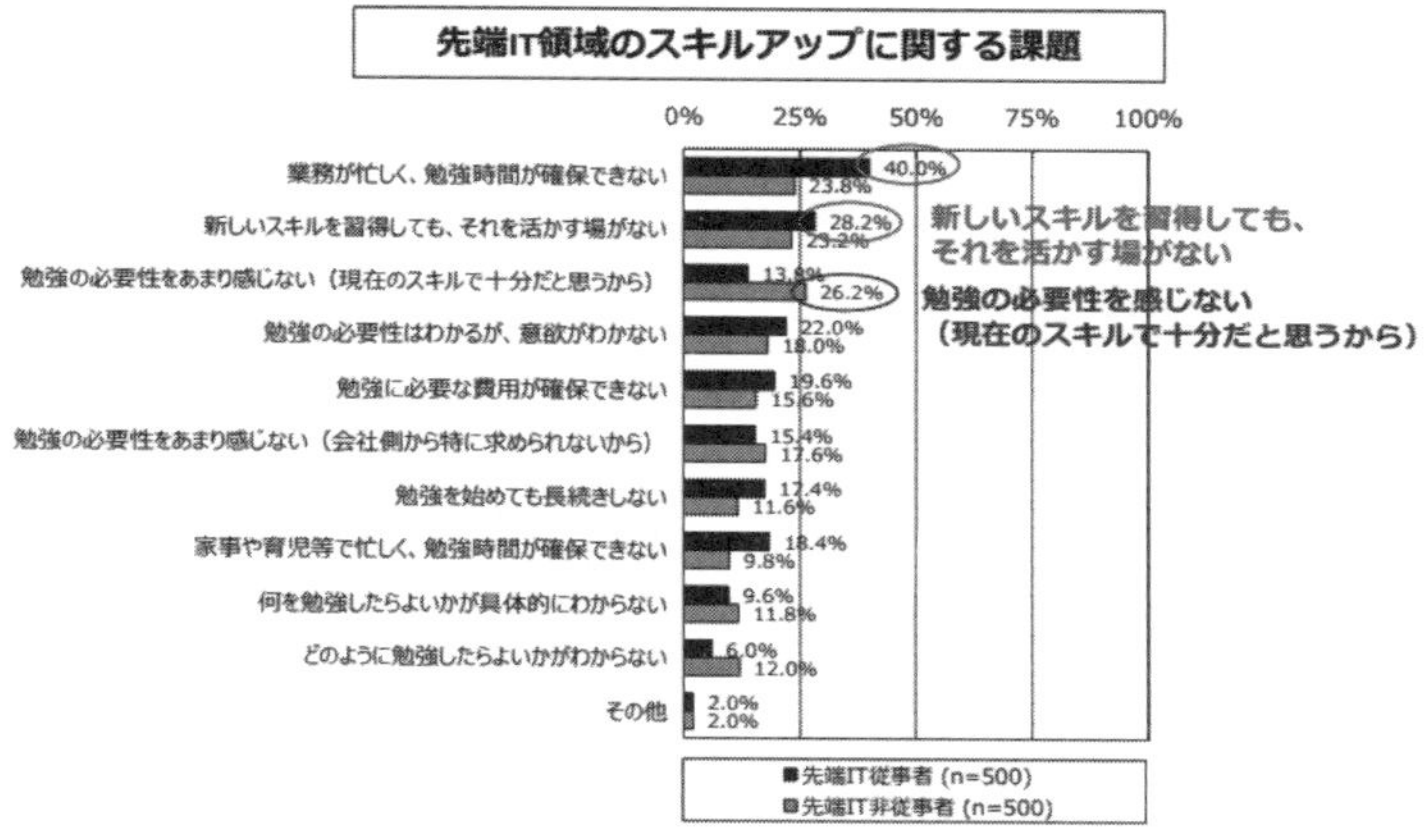

（出典）IPA「Reスキル・人材流動の実態調査及び促進策検討」(2020年)

リスキリングとは、個人の興味関心に沿って学ぶ「学び直し」とは違い、成長事業に必要な技術を企業が意図を持って社員に学ばせることを意味します。つまり、リスキリングには、企業側の制度設計や、仕組みづくりが重要になってくるのです。こうした仕組みが整っていなければ、リスキリングは難しいでしょう。とくにエンジニアの方が受講するような技術系の学びは、1つのセミナーで、数十万〜数百万円かかるものが多く、とても自力で学ぶにはハードルが高いです。そして一番大事なのは習得した新しいスキルを活かす場があるかどうかです。「e-learning の学びのコンテンツを拡充しました」「いつでもどこでも誰でも便利に学べます」は大事ですが、それだけでは意味をなさず、実際に発揮できて自己成長の実感を実務を通じて得られなければ、学ぼうというモチベーションにはならないということです。

3つ目は「**必要性はわかるが、意欲がわかない**」ことです。多くの場合、エンジニアの方は1つの分野に長く携わりその道のエキスパートになる傾向があります。今のスキルで十分と思う方もいらっしゃいますし、時代の変化などから「新しいものを学んだ方がいい」ことはわかっていても、どこから手を付けたらいいのかわからなくなってしまっていることも挙げられます。さらには、会社側から具体的に求められないということも原因となっているようです。

以上のような3つの理由から、「**リスキリングをしたくてもできない**」状況に追い込まれているエンジニアの方々も多いのではないでしょうか。

成長を感じられない現場で、羽をもがれていませんか？

前項の3つ目のポイントとも絡んでくるのですが、エンジニアスキルが陳腐化してしまう原因の一つとして、「**企業がエンジニアの成長を支援していない**」ということもあります。企業として人材投資をすることがひいては企業の成長につながるはずなのに、企業はなかなか教育の場を設けない……。こうした現状を企業はどうとらえているのでしょうか？

少し厳しい言い方になってしまいますが企業は、「優秀な社員を安価な値段で長く使いたい」と少なからず思っているのです。

例えば1つのシステム導入を考えてみましょう。1つのプロジェクトが終わると、また同じようなシステム導入の仕事がその企業には回ってきます。同じ仕事を繰り返し行いPDCAを回せば、前回より今回、今回より次回とエンジニア自身の習熟度が向上します。それに従って業務効率も向上し、それがコスト削減にもつながります。企業としては、ある意味理想の状態になります。ここで企業としては、エンジニアの業務を「固定」したがるわけです。

企業がそう思うのも無理はありません。例えば1つの工程に3人稼働だったところを、高いスキルを持ったエンジニアであれば1人で済むことになれば、「ずっとその業務を続けてほしい」と願ってしまうからです。

一方エンジニアはというと、3年、5年、10年と同じ仕事を続けることになります。その結果、特定の仕事の習熟度だけ上がってしまう。これも厳しい言い方ですが「つぶしの利かない」エンジニアになってしまうのです。

果たしてこれが、エンジニアとして技術的な成長かと言うと、私は違うのではないかと思っています。むしろ、それを望まないエンジニアの方が多いのではないでしょうか。

10年近く昔のことになりますが、「同じ企業の似たようなプロジェクトの受託だけをやっているチームには行きたくない」という弊社のエンジニアがいました。どうしてですかと理由を尋ねると、「エンジニアの墓場だから」と厳しいことを言います。詳しく話を聞いてみると、彼はこう言いました。

「大手企業からドカッと仕事をもらって、毎年年間20％コスト削減しなさいと言われる。ただただ、新しい技術にさわるのでもなく、新しい部材を使うのでもなく、設計コスト削減のみを求められる。ずっと同じ課題しか与えられないなんて、嫌だ」

これこそが、エンジニアの本音なのではないかと思います。なおこちらの彼は、キャリアアドバイザーと何回かヒアリングを重ね、自身がのぞむプロジェクトへ参画しました。今もなお、お客さまから信頼と評価をいただいています。

エンジニアの成長には「技術的な課題を解決する」という思考が欠かせません。そういった思考を遮断して、いわばルーティン化された仕事を繰り返しやってしまうと、成長が制限されてしまいます。また、**働き方が多様化する今後の時代においても、「1つの仕事だけをやり続ける」というのは危険性もはらんでいます。**

昭和や平成と異なり、一企業に新卒入社から70歳まで雇用され続けることは考えにくいもの。今後はフリーランスなのか、副業なのか、あるいは一定期間雇用されるのか、という多種多様な働き方がスタンダードになっていくでしょう。

そうなったとき、企業は「スキル」でエンジニアを採用するかどうか、判断することになります。さらに今あるスキルだけではなく、新しいスキルを身につける習慣があるかどうかも大事になるでしょう。企業は人的資本の考え方やダイバーシティの本質からしても「人の属性」ではなく「スキルの属性」で企業価値が測られていくことにもなるからです。**「スキル」はまさに自分を活かす武器になるのです。**

「ずっと同じ仕事ばかりしている」「同じ職場で15年ほど仕事をしている」ことは一見安定しているように見えますが、実は大きなリスクが隠れていることもお分かりいただけたのではないでしょうか。

そうしたリスクを回避するためにも、キャリアを積み上げていく際に意識的に第三者が介入して、エンジニアを技術的に成長に導くような仕組みが、今後ますます大切になってくるはずです。

エンジニアにとって幸せな職場の特徴5つは

「技術的に成長できない職場はエンジニアにとって厳しい」とお伝えしましたが、では逆にエンジニアにとって幸せな職場とはいったいどんなものなのでしょうか。

私はその特徴として5つあると考えています。

1つ目は、「**自分の望む仕事ができる**」ことです。

エンジニアは、基本的に知的好奇心の旺盛な方ばかり。業務においては、自分の興味関心がはっきりしていると言えます。そのため、自分の望む仕事ができる環境を求める人が多いのです。例えば、スポーツ全般に興味を持っている方であれば、スポーツに関連したシステム開発ができる会社を選べば、やりがいや幸福度は自ずと高くなるでしょう。

２つ目は、「**自分のアイディアや意見が共有しやすい環境がある**」ことです。エンジニアは、プロジェクトを進めていくにあたり、１人で作業するということはありません。必ずチームで仕事をしていきます。そのときに、アイディアを出し合えたり、自分の意見を言える環境があるかどうか、これは業務を効率的に進めていくうえでも、また技術共有をするうえでもとても大事なことです。トラブルなどが起こった際、横連携があれば課題に即座に対応することができます。そういう意味でも、「聞きやすい」「言いやすい」環境があることは非常に重要なのです。

３つ目は、「**チャレンジを良しとする上司がいる**」ことです。新しい技術を使ってみたり、あるいはいつもとは違う開発プロセスを試してみるといった「挑戦」は、エンジニア自身の技術や経験の幅をグッと広げてくれます。チャレンジはすればするほど、エンジニア自身、そしてチーム全体の業務領域をも拡大してくれることでしょう。しかし、それにはチャレンジを否定せず、なんでもやらせてくれる上司の理解が不可欠です。チャレンジする機運が社内にあれば、間違いなく幸せな職場だといえます。

4つ目は、「**学んだことを実践できる**」ことです。新しいことを学んだとしても、その知識を活かせないのでは宝の持ち腐れになってしまいます。学んだ知識を実践に活かせる環境があるかどうかもとても大切です。例えば、オンプレミス（サーバーやネットワーク機器などを自社で保有し運用すること）から、クラウドシステムへ転向したり、あるいは組込制御エンジニア経験を活かし画像処理の技術を身に付け、そちらのプロジェクトへ移行するなど、会社に実践の場が用意されている、ということも大きなポイントです。個人の希望に合わせてフレキシブルに部署異動ができるかどうかもチェックしておきましょう。また、実践の結果をよりよいものにしていくために、自己成長するためのサポートがあるかどうかも大切です。

5つ目は、「**開発に携わったプロダクトが社会に貢献している実感がある**」ことです。ただ単にプロダクトを作っているスタンスと、「このプロダクトは、社会の誰のこんな役に立っている」と感じながら業務に取り組むスタンスとでは、モチベーションが全く異なります。そもそもエンジニアは、「お客さまが抱える課題を解決したい」ひいては、

「自分がいる業界を活気あふれるものにしたい」と思っているはず。そうしたやる気を引き出すためには、社会貢献している、という実感が必要なのです。実感を得るために、自分でできることはあります。例えば、自ら設計開発に関わったプロダクトを店頭に見に行く。サービスが開始されたら、利用者さんの口コミをネットで検索する。そうした「生」の声を拾うことによって、業務のとらえ方は自ずと違ってくるはずです。この点は本章の後半でも詳しくお伝えします。

ちなみに、4つ目のポイントは、「**自己成長**」にも深く関わってきます。ある20代後半のエンジニアの話です。彼は、コピー機やFAXといった複合機の組込制御の仕事をしていました。その時の上司がエンジニアとしての成長をすごくポジティブに考えてくれる人で、常に「どんな仕事をしたい？」「君はどう成長したい？」と繰り返しヒアリングしてくれていたといいます。さらには、「他にやりたいことがあるんだったら、うちのチームを出て行ってもいいんだぞ、自分にとってベストの選択をしなさい」と常に言葉がけをしてくれていたといいます。結果この彼は、そうした上司の問いかけをきっかけに自動車のエンジン向けの電子コントロールユニットの開発へと異動していきました。

エンジニアの方はまじめで責任感が強い人が多く、「自分が抜けたらこの業務は回らないのではないか……」と考えがちです。そうした思いはときに自分の可能性を狭めてしまうこともあるでしょう。だからこそフレキシブルでポジティブな上司がいることは、とても重要なのです。

「やらされ感仕事」VS「思いを届ける仕事」

エンジニアが会社を辞める理由は人それぞれですが、その中でも「私はエンジニアに向いていない」という理由で弊社の若手社員の退職が増えた時期がありました。

そこでいろいろと話を聞いていくと、**「仕事がやらされ感のあるものになっている」**ことがわかったのです。

例えば自動車部品の開発現場の場合、最先端で最前線の場所ではありますが、実は完成した自動車を見る機会は多くありません。効率を上げて工期を短縮するために全てシミュレーション上で開発をしていくことが主流となっているからです。またプログラムも、一から書くのではなく、いくつかのパターンを組み合わせて開発を進めていくことも多くなりました

実物を見ることなく、他の技術者とのコミュニケーションによって、モノができあがっていく。生産性は確かに良いのですが、手触りのある現実的なものからどんどん離れていくと、仕事の意義を感じにくくなります。実機を見ることもない、自分でプログラムをした実感もない、自分が関わったものがどんな商品になっているのかが全くわからない。

日常の仕事、というのも今日Aという作業をしたら明日は全く違うBをやる、ということはほとんどありません。今日と同じ作業か、もしくはせいぜいA'になる状態で、一種のルーティン化が起こってしまいます。そうするとどうしても「やらされ感」が強くなってきてしまい、「面白い」「ワクワクする」という感情に欠け、開発の意義を見失ってしまうのです。

さらには、本人にとってはつまらない毎日なのに、上司や先輩からは「最先端の開発

をやっているんだから頼むぞ」と言われる。一方で周囲を見回してみると、自分と同じことをやっているのに楽しそうに仕事をしている人もいる。すると、「私って、本当はエンジニアに向いていないんじゃないか……」「そもそもエンジニアは、黙々と画面を見てキーボードを叩いてバーチャルな仕事だけやるのが好きな人なのかな……」などと思ってしまう。つまり、「自分はエンジニアとして何のために作業をしているのか」それを見失い、「やらされ感のある仕事」になってしまうのです。これでは、エンジニアを断念してしまうのも無理はありません。

では、どうすればこのような状態に陥らず、モチベーションを維持してエンジニアを続けていくことができるのでしょうか？

それが「**仕事の意義**」**をしっかりと理解しておく**ことです。作業としてはパソコンのモニターを見ているだけかもしれないけれど、それが最終的にどういったものになっていくのか。また、開発の中の何を担っていて、どんな重要度があって、最終的に誰が喜んでくれるのか……こういったことがわかると、「自分が何をすべきなのか」自ずと理解できるようになります。

実際、私が拠点の責任者の際に、やらされ感の打破に取り組むべく、逐一開発の目的や意義を意識的に共有するようにしました。すると、若手の退職率が下がり、パフォーマンスも向上したのです。

仕事の意義をより意識してもらうために、ぜひやっていただきたいことがあります。まえがきや前の項目でも少し触れましたが「**積極的にお客さまと接点をもつこと**」です。自動車メーカーの開発に携わっているならば、実際に試乗しに行ってみる。システム開発ならば、実際にユーザーの声を聴くために導入していただいた企業にセールス担当と同行する。家電の開発なら家電売り場に行って見て回って、商品を触ってみるのもいいですね。お客さまとの接点とは、関わっている企業の窓口業務を担っている人と話すことだけではありません。売場に行けば、商品を選んでいる消費者の顔を見ることもできます。ネット上なら商品やメーカーへの口コミを読み、反応を見ることもできます。

そうやって接点をいくつも持つことで、自分の仕事が最終的に「どのような人に届くのか」をリアルに感じることができます。消費者の顔がリアルになればなるほど、仕事にも熱が入り、思いのこもったプロダクトになっていくはずです。

大手人材会社であるリクルートが2008年に「エンジニアならではの仕事の喜びを経験した後、果たしてそれがどのように影響しているのか」というアンケートを実施しました。仕事の喜びの中には、「お客さまから喜んでいただいた」といったものや「自分が関わった製品が店頭に並んでいる」といったものが挙げられますが、回答した方の実に約8割が「経験後、普段の仕事にプラスに影響している」という感想を持っていたのです。その主な理由として、次が例として挙げられています。

「ネットワークに関して、メインフレームだろうがサーバーだろうがルータだろうが、何でも吸収しようと努力するようになった」

「どのような顧客の意見も無下に否定することなく、より良い提案ができるようになった」

「製品が世の中に出ていくときを一層、意識するようになった。モチベーションアップと共に、世の中に出せるものを作らなければならないという責任感も強くなった」

「今、エンジニアとしての壁にぶち当たっている最中だが、過去の成功体験が気持ちの支えになっている」

など、エンジニアとしての自信や誇り・責任感を再認識することで、日々の業務に対するモチベーションアップに大きく貢献しているようです。

「学ぶ場所」と「実践する場所」の黄金比

突然ですがみなさんは、「**7：2：1の法則**」を知っていますか？　これは、人が成長していくために欠かせない割合を示したものです。

7割が「**仕事上の経験**」2割が「**先輩や上司からの助言やフィードバック**」、1割が「**研修やセミナーなどのトレーニング**」だといわれています。

しかし、エンジニアの場合は、少し違ったとらえ方をするべきだと考えています。というのも、エンジニアの場合はロジカルなものの考え方が身についていることや、仕事や先輩からでは得られない新しい技術情報などがとても多いもの。そのため、よりトレーニングや勉強に時間を割くべきでしょう。あくまでも私の実感ですが、「**6：2：2**」の割合で少しトレーニングを多くしてほしいと思います。

ただし、ここで大事なことは数字の割合ではありません。ポイントは、今お伝えした**「3つの項目が揃っている職場に席を置いているか」**ということです。

仕事を実際に行うことで得られる学びが一番大きいことは当然ですし、どのような職場でも現場は必ずあるものです。ただ、似たような仕事を延々と続けるような職場だと、経験の幅が狭いものになってしまいます。できればバラエティ感のある、多くのプロジェクトを経験できる会社に在籍することが望ましいでしょう。

また会社によって大きく変わるのが、勉強の場が提供されているかどうか。仕事上ではなかなか得られないこと、最新の情報などを得られる研修やサポートの有無が、成長に大いに関わってきます。

例えば、20代で若手の段階ならば、実践の場でがむしゃらに働いているだけでエンジニアとしてぐんぐん成長できます。学びは常には大事ですが、若いうちに頭でっかちになると前に足が出ません。また、実践を積めば積むほど自然と新しい知識を欲するようになるでしょう。しかし、その段階を過ぎると、現場で得られる学びというのは少しずつ小さくなっていきます。代わりに必要になってくるのが研修やセミナー、技術展示会、技術交流会などの「インプットの場」です。これがない会社で長年働いてしまうと、気づけば時代に取り残されてしまうという危険性があります。

そのため、**30代以降は、意識して新たな知識を学ぶ時間を設けることが不可欠です。**

仕事上の経験、先輩や上司からの助言やフィードバック、研修やセミナーなどのトレーニングは、20代であれば、「7：2：1」で構いませんが、30代は「6：2：2」、40代が「5：1：4」という風に徐々に現場では得られない知識をしっかり身に付けていきながら、フィードバックする立場になっていくことでしょう。

逆に企業の側から考えると、こういった「勉強する場がちゃんと用意されているよ」ということを求人情報で明示していくと、良い人材を集めやすいということになります。

みなさんが今いる環境は、学びと実践する場所の黄金比を確保できていますか？

ぜひ今一度、自分の仕事内容を含めて環境面にも目を向けていただけたらと思います。

新たな挑戦をし続けることが、今後のエンジニアには不可欠

先ほどリクルートが実施した「エンジニアならではの仕事の喜びを経験した後、果たしてそれがどのように影響しているか」というアンケートについてお話ししました。

私はこのアンケート結果を見たとき、仕事への誇り、責任感の再認識がモチベーション向上に貢献するということを理解したと共に「**日々のモチベーションを向上させるためにも、エンジニアはどんどん新たな挑戦をしてさまざまな経験を蓄積していくのが大切だ**」と思ったことを覚えています。

昭和や平成の時代に活躍してきたエンジニアは、専門性を追求するタイプの方々が多かったでしょう。「ここの分野さえ得意であれば、仕事が十分回る」という時代であり、現代ほど情報や技術がものすごい速さで進むこともありませんでした。

終身雇用の中で、じっくりとご自身のスキルや経験を積み重ねていくことができてい

たからです。

しかし、ここ10年で状況は様変わりしました。技術の目まぐるしい進歩によって「**スピード**」を求められるようになりました。そのスピードについていくためにも、リスキリングなどの重要性が増したのです。


こうした現状を十分理解していながら、一方でエンジニアの方々はもともと「こだわり」や「専門分野をもっと深掘りしたい」という欲求があると思います。そのため、リスキリングが大事だとはわかっていても、「今さら専門外を学び直すなんて」「私は機械屋だから、それ以外のことはやりたくない」という意識がぬぐえない方も一定数いらっしゃると思います。私もまた、そういった方々と多く話をし、コミュニケーションをとってきました。


現在携わっている仕事、やりがいのある業務にプライドを持って取り組むのは、正しいことだと思います。ここまで積み重ねてきた努力は素晴らしいことです。

しかし、それだけでは今後、時代や市場からも取り残されていってしまうでしょう。

私は本書を読んでくださっているみなさんには、そうはなってほしくありません。

みなさんの中には自身の専門外や、学生の頃に思ってもいなかった業務に就いた方もいらっしゃるでしょう。そのような状況の中でも、理由はともかくまずは仕事を始め、手を動かし、積み重ねてきた中で意義を感じ、その上でやりがいや誇りをもつようになっていった方も多いのではないでしょうか。

ぜひ食わず嫌いではなく、新しいやりがいを体感するため、新しい自分の喜びを見つけるために、一歩踏み出してほしいです。

少し話がそれますが、私自身は50歳になった今、第二の就活期だと思っています。最初の就活はいわゆる「就社」活動でした。次は本当の意味で「就職」期と捉え、仕事観をUpDateしていきたいと考えています。今回この「書籍を出版する」という、昔の自分では想像もしなかったアクションも、私なりの一歩です。

人生100年時代だと言われます。そのうち、仕事をする時間は、体が健康でさえあれば80年というのも決して不可能ではありません。その長いエンジニア人生をよりよいものにするためにも、ぜひ新しい挑戦をしてみてほしいのです。それは、今行っている業務の中では見つけられないかもしれません。だからこそ、**業務「外」、チーム「外」あるいは会社「外」へ自ら積極的に行動してみてほしいのです。**

そうやって行動していった先で新しい発見があり、そこからご自身の興味関心につながることも必ずあるはずです。自身が立ち止まっていたら、景色はそこから大きくは変わりません。しかし、ご自身が一歩でも二歩でも踏み出すことで周りの景色や付き合う環境は必ず変化します。ぜひその変化をおっくうがらずに、踏み出してみてほしいと思います。そうすることで「持続的成長」に必ずつながっていきます。

第1章まとめ

①現代のエンジニアはテクノロジーや環境の変化によって未来を描きにくくなっている。

②エンジニアにとっての10年後は、もはや〝未知数〟。

③未知数の未来は、「リスキング」等の学びによってポジティブに捉え直せる。

④成長できる職場で働いたり、新しいことにチャレンジをしたりすることが大事。

⑤「学ぶ場所」と「実践する場所」を意識的に工夫し、積極的に挑戦しよう。

第2章

「持続的成長」がエンジニアの"幸福度"を決める

エンジニアの幸福は「持続的成長」に宿る！

1章で、将来が描けないエンジニアが意外と多い、というお話をいたしました。中には十分な素質はあるのに、「エンジニアを辞めてしまう」方もいらっしゃいます。私はエンジニアという素晴らしい職業に就くチャンスを得た人には、ぜひ続けていただきたいと思っています。ではどうすればエンジニアそのものを続けていけるのでしょうか？

それには、やはりエンジニア自身が日々「**幸せを感じること**」にあります。そしてその幸せは、「**持続的成長ができるかどうかで決まる**」といっても過言ではありません。今やエンジニアを取り巻く環境の技術革新は猛烈なスピードで進んでいます。複雑で高度な技術を学んだり、あるいは産業の変化にも対応しなければなりません。

しかし、本来はそうした変化もまた、エンジニアの方は楽しめるのではないでしょうか。なぜなら、エンジニアは次のような特徴を持っているからです。

・新しい技術を覚えることが好き
・集中力を要する作業が苦にならない
・効率化や最善策を考えることが好き
・トライアンドエラーが繰り返せる
・柔軟性がある
・環境適応能力がある

実際、当社のエンジニアたちも新しい技術を習得し実践できるようになるとそれが自信になり、自身の市場価値向上にもつながっています。これこそが、「幸せの連鎖」なのではないでしょうか。

さて、エンジニアが幸福を感じるためには、大きく分けて3つのポイントがあります。

1つ目は、「**成長のための環境が用意されていること**」です。最先端技術を身に付けることができたり、自分の興味のある分野への異動ができたりするなど、会社にそういった仕組みがあるかどうかで、幸福度は大きく左右されます。

2つ目は、「**学びのための時間を確保すること**」です。

現在関わっているプロジェクトが全くの未知の分野で、業務をしていて自身の成長を感じられるのであれば、ことさらに「時間を確保する」必要はないでしょう。しかし、長年同じプロジェクトに関わっていて、それ以上の成長が見込めないならば、日々の業務の中で自己研鑽の時間をつくることがまず重要になります。

3つ目は、「**上司がエンジニア自身の性質や、キャリア志向、現在の状況を把握していること**」です。成長は一人ではできません。チームや会社のバックアップがあって初めて実現できるものです。上司が自己研鑽に理解があり、積極的に応援してくれるかどうか。さらに言えば自己研鑽が評価にプラスに働くかどうか。こうした点も、幸福度の向上にはとても大切なのです。

この3つの歯車がかみ合って初めてエンジニアは「幸福」を感じ、持続的成長を自らできるようになるのです。

ちなみに私の勤務するテクノプロ・デザイン社では、エンジニアの持続的成長支援の一環として、次の図1のような『技術戦略の羅針盤』を作成しています。テクノプロ・デザイン社は製造業のお客さまの開発を支援する事業を行っています。それを具現化するエンジニアが何をベースにするべきか。将来の市場性・技術革新の流れを見据え、14

図１　技術戦略の羅針盤

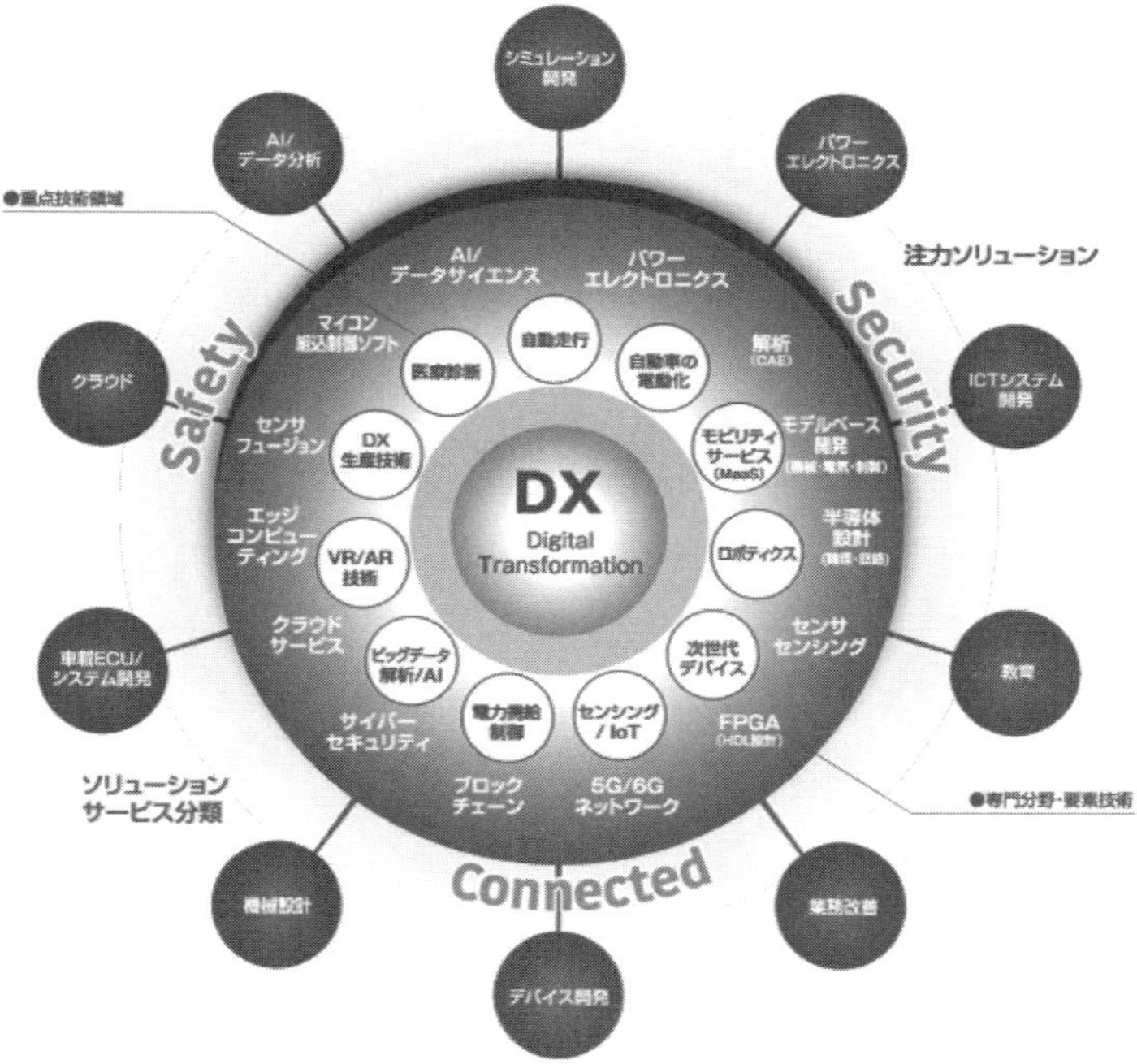

画像引用：テクノプロ・デザイン社

の専門分野・要素技術を縦軸に、11の重点技術領域と30の製品・サービスを横軸とし、縦軸・横軸ともに重要度が重なった部分を２４２の重点技術要素と定めたものです。この羅針盤をもとに、「５年後、10年後に社会に必要とされる・必要性が高まる技術」に人的リソースを投入する戦略をとっています。

羅針盤によって会社として進むべき方向性を示すことで、社員として何をすべきかが明確になり、自身に合った成長を選ぶことができるのです。

とはいえ、何を学んだらいいか、何を目指すべきか、なかなか自分で決められない方も多いでしょう。特に技術の世界は今後も進化し続けますので、いい意味で選択肢を絞るとやるべきことが見えてきます。あえて「**選択肢をしぼってあげる**」ことが、エンジニアの幸福度に寄与しているのではないかと感じています。（ちなみに私はメニューの多い居酒屋さんが苦手です）

できなかったことができるようになる、それを実感し続けられるのは、仕事だけではなく人生にとっても良いインパクトを与えます。ぜひ、３つのポイントを軸にしてご自身の労働環境をもう一度見つめ直してみましょう。

これからの時代に活躍する「サステナブルエンジニア」とは？

『エンジニアの幸福は『持続的成長』に宿る』とお伝えいたしました。

では、これからの時代に活躍し、70歳80歳になっても求められる人材である「サステナブルエンジニア」とはいったいどのようなものなのでしょうか？　それは、「**複数の分野・領域に知見を持つハイブリッドエンジニアになること**」です。

従来であれば、例えばハードに強いエンジニアとソフトに強いエンジニアというように、両者には明確な区別があり、ソフト面、あるいはハード面のどちらかに長けていればそれでよかったのです。しかし、これからの時代は違います。

例えば、製造業の世界では既にサイバー・フィジカル・システム（CPS）やデジタルツインが主戦場になっています。サイバー・フィジカル・システムとは、実世界にある多様なデータをセンサーネットワークなどで収集し、サイバー空間で大規模データ処理技術を駆使して分析を行う仕組みのこと。そこで得た情報から、産業の活性化や社会問題の解決を図っていきます。

デジタルツインとはインターネット接続した機器を活用し、現実空間の情報を取得し、サイバー空間内に現実空間を再現します。(ちなみにメタバースは3次元の仮想空間でアバターを起点として活動できるものですので、似て非なるものです。)

ＣＰＳでは、現実の世界をデータに置き換えるセンシング技術、データを集めるネットワーク技術とクラウドコンピューティング技術、ＡＩを使った予測分析技術、そしてこれらを現実世界に反映する制御技術やロボティクス技術が必要です。今後は、それらの技術を駆使して勝負できるエンジニアの市場価値が上がっていくものと思われます。

そうした兆候は産経新聞が主催する「独創性を拓く先端技術大賞」の受賞論文からも伺い知ることができます。同賞は、理工系学生、若手研究者・技術者を対象に優れた論文を募集するもの。最近の傾向を見ると、複数のテクノロジー、複数の技術分野をミックスした論文が大賞を受賞しています。

実際、ＩｏＴ分野での需要が高い組込制御系の開発エンジニアは既に次のスキルを身に付け、活躍しています。

・リアルタイムＯＳ（ＲＴＯＳ）などのソフトウェア関連のスキル
・クラウドコンピューティングの知識
・低電力設計、省電力技術
・ＥＤＡ（Electronic Design Automation）、オシロスコープ、ロジックアナライザなどのツール
・製造プロセス（生産ライン・品質管理・製造コストの最適化）の理解
・データ構造に関する知識など

もちろん、マーケティングの知識があるデータサイエンティスト、エンジニアの知識がある営業、機械学習の専門家＋エンジニアリングマネージャー、フロントエンドとデザイン、クラウドアーキテクチャと事業戦略など、これからは一層ハイブリッドな人材が求められていくでしょう。

テクノプロ・デザイン社では、そうした市場のニーズに応えるべく、複数の技術分野を学べるような研修体制を強化しています。研修やイベントで同じようにスキルアップを望むエンジニアたちに出会うこともあります。するとお互いが刺激となって、学びの

モチベーションアップにもつながっているようです。

私が目指してほしいのは研修によって知識を得るだけではなく、「**知識を活用して斜め上に挑戦できるエンジニア**」**になること**。それがひいてはサステナブルエンジニアとして、市場価値を高めることになり、仕事への満足度にもつながっていくからです。

もし、「どんな方向に学べばいいかわからない」という場合、エンジニアのキャリアに関する書籍、例えば『エンジニアの成長戦略』（著者：匠習作・日本実業出版社）『エンジニアのためのマネジメントキャリアパス』（著者：Camille Fournier・O'Reilly Japan）『CAREER SKILLS』（著者：ジョン・ソンメズ・日経ＢＰ）などを手元に置いて気が向いた際に読んでみてください。

また、自分が興味を持てる分野のエンジニアのＳＮＳをフォローし、投稿を読むというのも気づきや刺激をもらえるのでおススメです。なんとなくでも構いません。自分がなりたいエンジニア像を描いてみましょう。そこから、自分にとって必要な学びやスキルが見えてくるはずです。

「持続的成長」&「生涯現役」が叶う魔法の仕組み

「持続的成長」できるエンジニアになったら、次に目指すべきは生涯現役で働くことです。しかし、自動的に生涯現役で働けるエンジニアになれるわけではありません。では、生涯現役で働けるエンジニアになるためには何が必要なのでしょうか?

私は常々エンジニアたちに「**やりたいこと**」「**特技**」「**リスキリング**」「**自分の能力を発揮できる場所**」の4つが重要だ、と伝えています。その中でも私がとくに言いたいのは、「**自分がやりたい**」**と思える分野や業務を見つけて、それを大事にすること**です。

例えば、テクノプロ・デザイン社で働く50代のAさんは「生涯現役でいたいし、80歳になっても永久にプログラミングに従事したい」と語ります。Aさんは、とにかくプログラミングが好きで、業種、業界を問わずさまざまなものづくりに関わってきました。そのため、会社を退職したとしても、組み込み用のキットを組み立てたり、パソコンを分解して組み立て直したりという仕事に就きたい、というのです。さまざまな経験を積むことで、Aさん自身もおぼろげながら自分の将来像が描けたのでしょう。

しかし、生涯現役でやっていくには、それだけでは足りません。エンジニア業界のトレンドをキャッチし常に最先端の技術を学ぶこともまた求められます。Aさんは社外で行われる勉強会にも欠かさず積極的に参加しています。

そしてもう一つ、**持続的成長の助けになるのが「仲間をつくる」**ことです。先にご紹介したAさんは、社外にも多くのネットワークを持ち、同じくプログラミングが好きなエンジニアたちと一緒に勉強会などを開いています。また、数年がかりのプロジェクトに参画し、そこでさまざまな分野のエンジニアと出会い、交流を深めているエンジニアもいます。私がぜひおすすめしたいのは、**「社外」につながりをつくること**です。やはり同じエンジニアであっても、携わってきたプロジェクトによって、あるいは立場によって考え方は変わるもの。そうした刺激を得て自分の方向性が定まることもあるからです。

何より、日々膨大な情報にさらされている環境にあってエンジニアひとりで取れる情報はやはり限られてしまいます。それよりも2人、3人と仲間がいた方がそれだけ入ってくる情報量も大きくなりますよね。

日々目の前の仕事に集中しすぎるがあまり、「自分が本当にやりたいこと」あるいは「仲間をつくる」ということをついおざなりにしてしまいがちです。しかし、自分を時々振り返って興味のある分野を整理すること、そしてともに学びあう仲間を作ることは、見えない無形資産になります。

ぜひ、サステナブルエンジニアとして活躍するためにも、こうした無形資産を積み重ねてください。

一生幸せなのは「やりたいこと」が見つかったエンジニア

「持続的成長」を遂げ、「生涯現役」で活躍するためには、「やりたいこと」を見つけるのが重要だとお話ししました。といっても、自分のやりたいことって何？ と思う方も多いと思います。やりたいことをみつけるヒントは、エンジニアとしての多様な経験と知見の中にあります。

1章でエンジニアには「35歳ＩＴエンジニア定年説」があるとご紹介しました。そのため多くのエンジニアは、30代に「次のキャリアをどうするか」を真剣に考えるようになります。しかしながら、現在、エンジニアの仕事は細分化、かつ複雑化しており、「いったい自分がどのような仕事に就くべきなのか」と迷う方は少なくないのです。「一人で考えてみたけど、結局答えが出ずに現状のままでいる」という方もいらっしゃるでしょう。


一般的にキャリアパスは、「その道のスペシャリストになる」「マネジメントのプロになる」「コンサルタントになる」「起業する」の4つがありますが、エンジニアも例外ではありません。どのキャリアも魅力的なもの。しかし、ご自身で納得できなければ意味がありませんし、最終的に4つの道のどれかを選ぶにせよ、その前に多くの経験を積むことは決して無駄にはなりません。むしろ選り好みせずに多くの経験を積むことで、「自分のやりたいこと」がより明確になるパターンが多いのです。

テクノプロ・デザイン社はエンジニア職以外にもエンジニアのキャリアパスを多数用

意しています。

例えばエンジニア経験を生かし、リクルーターやキャリアデザインアドバイザーといった道を選ぶ人もいますし、技術研修の講師や、エンジニアの経験を活かして地域の顧客戦略をセールスマネージャーとして考えるというポジションについている方もいます。

リクルーターは、事業部門がほしい人材を的確に把握し、必要な人材を配置する人と人とをつなぐ業務のほか、現場で悩む若いエンジニアの相談にも乗ります。多くの企業ではエンジニア未経験者がこうした相談に乗っていますが、エンジニアの経験がないと現場の状況を認識した上で、アドバイスすることは困難です。その点、エンジニア経験を積んだリクルーターであれば、相談者の気持ちを理解しながら、課題解決をすることができます。

あるいは、大手情報通信企業にてデータ分析やセキュリティの知識を身に付け、ＡＩ事業の立ち上げの経験、プリセールス、ＰＭの経験をされた後に50代後半でテクノプロ・デザイン社に入社され、テクノプロ・デザイン社独自の製造現場向けＡＩ開発ツール「MLFactory」の開発をリードする立場として、そして開発者として携わった方もいらっしゃいます。前職では自身でも手を動かしながら自身の知見をありったけ詰め込めるプロダクトを作る、ダイレクトに顧客からのフィードバックを受けてプロダクトを進化させていくということは、なかなか叶わない立場になってしまっていましたが、やはりエンジニアとして自身の知見で勝負したいという想いは何歳になってもあるものです。いや、歳を重ね経験を積み上げてきた方こそ、そういう想いは強くなるのではないでしょうか。**「やりたいこと」が見つかったエンジニアは何歳になっても活躍できるのです。**

とはいえ、「まだそこまではっきりと自分の方向性がわからない」「何か違うことをやってみたいけれど、モヤモヤしていてわからない」という方のために、テクノプロ・デザイン社ではキャリアアドバイザーを配置。アドバイザーが細かく話を聞いたり、同じ経験をしてきた先輩の話をしたり、一緒に別のプロジェクト現場を見学したり、勉強会の案内をしたり、同期のネットワーク形成をサポートしたり……。さまざまなアプローチで自分の特性や興味がどこにあるのかを感じてもらいます。

さらにテクノプロ・デザイン社には「**自己実現制度**」と呼ばれる仕組みがあり、一人ではかなえられそうにないキャリアプラン＝夢をサポートする体制をそなえています。

例えば第1章でもお話しさせていただきましたが、複合機メーカーでの開発のプロジェクトにいたあるエンジニアは「自身が好きな自動車に関わる開発のプロジェクトリーダーをやってみたいけれど、今のプロジェクトが嫌なわけでもないし、とはいえチャンスがあれば……」という悩みを抱えていました。それを知ったチームリーダーは、「それなら今の業務からいったん外れて、違う勉強をしてプロジェクトリーダーになる道に行った方がいい」とアドバイスしました。

その彼は、自動車業界の車載機器開発でポイントとなる組込制御の勉強とリーダー業務の研修を3ヶ月間行い、無事に車載ＥＣＵ（Electronic Control Unit：車載のあらゆるシステムを制御する装置。1車種平均30個のＥＣＵが搭載されており、いわゆる高級車には１００個のＥＣＵが必要とされている）の組込制御開発の受託開発プロジェクトに、まずはメンバーとしてジョイン。その半年後に、ある機能開発におけるリーダーとしての業務をスタートすることができました。現在では、２つ、３つプロジェクトの同時進行ができるようになり約40名という規模のチームでプロジェクトマネージャーを務めるまでになりました。

会社選びや仕事選びをする際は、エンジニアのキャリアパスとして多くのルートを提示できる会社を選択すること。そして「やりたい」という意思を仕組みとしてサポートしてくれる会社を選ぶことが、サステナブルエンジニアとしての近道なのかもしれません。

誰にも負けない特技で仕事は3倍楽しくなる

サステナブルなエンジニアになるためにもうひとつ重要なのが「**誰にも負けない特技を持つ**」**こと**です。誰にも負けない特技を持っているエンジニアはお客さまに評価され、結果的に仕事も楽しくなります。その道のスペシャリストになってひたすら腕を磨くと、自分の技術力を生かす機会に恵まれ、重宝されます。

エンジニアBさんのお話です。

飛行機の管制データを新たにビジネスとして扱うことにしたお客さまは、ある解決できない技術的課題を抱えていました。GPSのデータを変換し、レーダー制御しようと何度もチャレンジするも失敗。そんな失敗が度重なり、1年の間、お客さまはずっと悩まれていたのです。そんな折、テクノプロ・デザイン社に「技術的課題を解決してほしい」という依頼がありました。そこでこの課題に対応できそうなエンジニアをピックアップしたところ、3人が候補に挙がりました。

当時、テクノプロ・デザイン社のエンジニアは7,000人いましたが、それを解決できる技術を持った人はわずか3人。これには私も驚きました。難易度が高く、またニッチな分野だったため扱える人間が限られていたのです。

抜擢されたエンジニアは、早速課題分析に着手。不具合のあった部分を一つひとつ調べ、ついに不具合の原因を突き止め、制御のためのアルゴリズムの開発に成功。なんと着手からたった3ヶ月でお客さまの課題を解決できたのです。お客さまの喜びようと言ったらありませんでした。そのエンジニアを救世主だ!といっては大盛り上がりしたそうです。

このエンジニアは、飛行機の管制データのスペシャリストでした。航空関係開発案件に関しての専門知識と自身の技術力を活かし技術的課題を見事解決へと導きました。他の誰にもできないこと。つまり、飛びぬけた特技が「この人じゃなきゃダメだ」と思わせるエンジニアにしたのです。

エンジニアの仕事は機械・電気・コンピュータシステム・土木・建築・農業・医療まで非常に多岐にわたります。分野によって仕事内容も大きく異なるため、自身の特技を生かせる仕事に就いた方が良いでしょう。Bさんのように「**この部分の知識についてはこのエンジニアに」というポジションを確立することが重要です**。

しかし、通常エンジニアは同じ業界、同じ環境の中にいると自身の価値に気づくことができません。そのため、**今の環境が自身にふさわしいかどうか**を常に考えることがとても重要です。私はこれが日本という国の成長を左右するポイントだと思っています。場所・環境を変えると市場価値が変わり、自分を生かせる環境に身を置くことで仕事の幅も変わるからです。その結果、自身の市場価値が高まり、エンジニアの幸福にもつながります。近年、人材の流動性を高めることで国としての生産性を高める動きが顕著になってきています。国の、産業界の宝であるエンジニアこそ、この流れに乗るべきだと思います。

もし自分の仕事に「軸がない」という場合でも決して遅くはありません。特技を作り、その特技を生かせるような環境に身を置くことをおすすめします。

リスキリングのテーマは「ゴール逆算型」で決まる

サステナブルエンジニアになるための条件として、「リスキリング」も欠かせません。このリスキリングという言葉、今ではあちこちで聞かれるようになりましたが、その発端は、2018年の世界経済フォーラム年次会議から始まっています。当時、発表されたのが『リスキリング革命（Reskilling Revolution）』という概念です。そこでは、従来の雇用の減少やAI・ロボットなどの急速なデジタル技術革新などが議論されました。

技術革新が起きる限り、「人がやることで価値がある仕事」は変わり続けるため、それに合わせてスキルをアップデートしていく必要があるということです。

ここでいうスキルとは、勉強だけで習得できるものではありません。「**経験を積み重ねることにより習得できる**」ものも指しています。では自身のリスキリングについて考える際、どんなポイントがあるのでしょうか。私はよく次の2つをエンジニアたちにお伝えしています。

1　新しい職業に就くために何を身に付けるか

2　今の職業での大幅な変化に適応するために何を身に付けるか

この2つは一見似ているようですが非なるものです。

1つ目はジョブチェンジのための学びであり、転職に近いイメージです。日本では一般的にリスキリングというとこちらをイメージする方が多いように思います。

テクノプロ・デザイン社には元々医学部に在籍しながらもデータサイエンティストを目指し方向転換したエンジニアもいます。病理学の講義で「AIの進化により、病理分野における画像診断はいずれ自動化が主流になるだろう」と聞き、大きなショックを受けAIやデータ分析の力に驚愕したそうです。そこで「医学よりもデータの利活用や人工知能を勉強したほうが世の中の役に立つ」と思い、大学を中退。仕事を求めて当社に入り、協業パートナー会社とのデータサイエンティスト養成プログラムで実務研修を繰り返しながらデータサイエンティストとして日々成長しています。これはまさに「新しい職業に就くために何を身に付けるか」に立脚しています。

2つ目は自身が今携わっている職種や組織をベースにして新しいスキルを習得することです。成長領域においてより付加価値の高い職務を担える従業員を育成するために、人材戦略の一環として行われます。グローバルではリスキリングの定義はこちらを指します。

シアトルやシリコンバレーで事業をしている経営者の方々とグローバル化についてお話をする機会があり、その際にリスキリングもテーマに出ました。

「リスキリングで職種が変わるのは日本くらいじゃないか」と口々におっしゃっていたのが印象的でした。

「文系・理系の分け方や、新卒一括総合職採用型の弊害かな」「学生の専門性がないから給料を安く抑えられるんじゃないか」とも。

欧米では職務内容と求めるスキルが明確なJOB型雇用が主流であり、職種の専門性で勝負する働き方が定着していることが起因していると想像できます。

テクノプロ・デザイン社の多くのエンジニアも、今あるスキルをベースとしてプラスアルファでデータ分析やＡＩによる開発など対応領域を広げることを目指しています。

例えば、開発手法の変化によって専門分野がハードウェアのエンジニアがソフトウェアの技術を身に付けるというリスキリングの事例があります。現在では、機械設計のエンジニアであってもソフトウェアの技術を使った設計が必要です。あるエンジニアは、3次元ＣＡＤやＣＡＥで分析し、モノを作りテストを繰り返していましたが、現在の開発の中心はモノなし・試作なし開発として、モデルベース開発（1Ｄ-ＣＡＥ）がなくてはならない手法になっており、こちらをマスターしてお客さまから好評を得ています。これはジョブチェンジをすることなくリスキリングを経たパターンです。

リスキリングを考える場合、ご自身のゴールがどこにあるのかをまず考えてみてください。そこで初めて「何を学ぶか」が明確になり、学ぶ内容も大きく異なります。

今のエンジニアとしてのスキルを高めることがゴールなのか、完全にジョブチェンジを目指すのがゴールなのか、考えてみませんか。

エンジニアこそ、「お客さまの声」を聴きなさい

ここまで「持続的成長」＆「生涯現役」が叶う魔法の仕組みについて語ってきました。しかし、サステナブルエンジニアになる必要があるからこそ、注意すべき点があります。

エンジニアは勉強熱心なため、集中力があり専門性を持っている人が数多くいます。しかし、その専門スキルをお客さまの視点に立って活用できるエンジニアとなるとその数は少なくなるでしょう。

新しい技術を得たいという知的好奇心があるがゆえに開発にのめり込んでしまうようなところもあります。しかし、それが度を超えてしまうと、本来の目的から外れたことにも気づきにくくなるのです。

とくに日本では専門性がいきすぎた結果、お客さまの視点に立てず、製品について次のような欠陥が指摘されています。

・過剰品質になりやすい
・複雑化してガラパゴス化しやすい
・コストが高い
・納期が遅れる

これらの欠陥は、エンジニアが「技術を極める」という思考に起因しています。もちろん、こうした思考が、戦後の高度成長を支えてきた、という部分も捨てきれません。しかしながら、本来、ビジネス的にとらえる「技術」とはひとつのものを深掘りするようなものではありません。技術とは、科学の研究成果や理論を応用して、人間生活や社会生活に役立たせる方法や手段のことです。お客さまが喜ぶような製品を作るからこそ意味があるのです。

つまり、エンジニアが自身の知識を活かし技術を提供するには、何より**お客さまの抱える課題やニーズを聞き出し的確にとらえること**が重要なのです。

「お客さまが何を考えているのか」「どんなことに貢献しようとしているのか」そして「この技術がもたらすインパクトはなにか」。こうしたことをヒアリングし、自分の中に落とし込み、「自分たちの技術が社会の役に立っているんだ」という実感を持つこと、これが非常に大事なのです。でなければ、職業としてのエンジニアとしての充実感や幸福感を得ることは一生できません。

専門スキル・知識をどれほど持っていても、お客さまの話をしっかりと聞けるコミュニケーションスキルがないと、エンジニアとして適正な評価を得ることができません。ぜひこの点にも気を配りながら仕事をしていただきたいと思います。

ベンチャー企業？ 大手企業？

採用の仕事をしていると、「ベンチャーに行った方がいいですか？ それとも大手がいいんでしょうか？」という相談を受けることがよくあります。相談をされてこられた方のその時の状況次第ではありますが、いわゆる大手企業で大規模な案件に携わることで、エンジニアとしての成長につながることは皆さんもご理解されると思います。それと同様に、エンジニアにとってはベンチャー企業で仕事をするというのは、とても貴重な経験でもあります。

ベンチャー企業は大手企業とはあり方もエンジニアとしてのスタンスも大きく異なります。当然「仕事を待っているだけの人材」は必要とされず、自身で提案をして仕事を作り出せるようなエンジニアが求められます。エンジニアがベンチャー企業に注目すべきポイントは3つあります。

1つ目が**いわゆる先端技術を扱っているか**どうかです。大企業も当然、先端技術を導入していますが、研究手法は一部の選抜された方たちが触れることが多いため、エンジニア全員が関わるチャンスは少ないもの。エンジニアにとってはフラストレーションがたまるかもしれません。その点、ベンチャー企業は社員数も大企業に比べると少なく、メンバーの多くが20代ということがほとんどで、新しい技術にどんどん挑戦できるような環境になっています。

2つ目が**スピード感**です。ベンチャー企業は意思決定のスピード感が異なります。技術の進歩に合わせた速いスピードでプロジェクトや開発が進んでいくため、結果的に多くの成長機会を得ることになります。一方、大企業にはいくつもの部署・組織が存在するため、必要な手続きも増加し、コミュニケーションコストがかかることが少なくありません。

3つ目が**目的志向**です。ベンチャー企業は目的を達成するため、高速でPDCAを回さざるを得ない状況にあります。「目的達成のためには当初の仕様や製品すら変えることもいとわない」ということもあるでしょう。まさにアジャイル開発のようにイテレーション（短期間で一連の開発工程を繰り返すこと）を行い、最先端技術を使って世の中の役に立つであろうサービスを開発します。

そのため、ベンチャー企業ではベテラン・若手に関わらず、挑戦できる環境が整っているといえるでしょう。新しいサービス・ビジネスを提供するため、キャリア形成の上でもプラスにもなるといえます。あのABEMAや馬娘などで有名な株式会社サイバーエージェントは、創業からわずか2年ほどで上場を果たしましたが、それもまた「ベンチャー志向」の結晶と言ってもよいかもしれません。幅広く経験を積んで成長したい人、自分から成長し学ぶ意欲がある人にとって、ベンチャー企業はとてもマッチする環境でしょう。

といっても、ベンチャー企業には組織マネジメントや制度などが整っていない場合や、「業務外のこともやらなければいけない」といった面があることも事実です。創業期はそんなにたくさんのサービスを展開できるわけではありません。主のプロダクトが売れなくなってしまったら、会社自体の存続も一気に危うくなるでしょう。そのため、私がエンジニアやエンジニアを目指す方々にお勧めしたいのは、会社規模に関わらずチャレンジする土俵のある企業を選ぶこと、またベンチャー企業と共同プロジェクトを行っている、いわゆるベンチャー協業畑のある企業を選ぶことです。

第2章まとめ

⑥エンジニアの幸福度を高めるキーワードは「持続的成長」。
⑦もともとエンジニアには、変化を楽しむ能力が備わっている。
⑧変化を受け入れ、成長し続ける人だけが「サスティナブルエンジニア」になれる。
⑨持続的成長のためにも、「自分がやりたいこと」を掘り下げるべし。
⑩自分にしかできない技術の追求や学び続ける姿勢を持とう。
⑪お客様との深い関係構築によって、さらなる成長と活躍への道筋が見えてくる。

第3章

エンジニアの成長が加速する最強スイッチとは？

キャリアアップにつながる転職・ダウンする転職

2章では、人生100年時代といわれる現代において、「**持続的成長がエンジニアの幸福度を決める**」とお伝えしました。しかし、いくら「持続的な成長をしている」といっても、市場に求められなければその価値は減少してしまうでしょう。エンジニアとしての幸福度を上げるためにも、自分の市場価値を把握しておくことが重要になるのです。

しかし「自分の市場価値といわれても……」と戸惑うエンジニアの方も多いかもしれません。それもそのはず、自分の市場価値を改めて感じる機会は転職活動以外ではほとんどないものだからです。

「では転職をして、市場価値を分析してその都度成長していけばいいの？」とみなさんは思われるかもしれませんが、大事なのは転職ではなく「**キャリアアップ**」なのです。

ここでいう「キャリアアップ」とは、仕事の能力や専門性を磨き、社会的に市場価値の高い経験を重ねることを指します。自己実現だけではなく、それによって組織や社会に貢献することが「キャリアアップ」なのです。似たような言葉で「キャリアパス」「キャリアプラン」「キャリアチェンジ」があります。

「キャリアパス」とは、企業内で特定の職位につくまでの順序や計画を指します。「キャリアプラン」とは、自分が将来どのようになりたいかという具体的な目標を持ち、そのための計画を立てることです。「キャリアチェンジ」は、未経験の業界や職種へ転職することを指します。

もし、今の会社で「キャリアアップ」が難しく転職を考えるなら、「キャリアパス」「キャリアプラン」「キャリアチェンジ」について、サポートをしてくれる会社を選ぶべきでしょう。

では私がなぜ、こんなに「キャリアアップ」にこだわるのか。それは、多くのエンジニアのみなさんが「スキルアップ」に集中しがちだからです。もちろん、スキルアップは決して間違いではありません。もともと好奇心旺盛で、自分の腕を磨くことにチャレンジングなエンジニアのみなさんだからこそ「テクニック」の方に意識が向いてしまうのはある意味仕方のないことなのでしょう。しかし、厳しいことを言いますがご自身が磨いている技術が、市場価値も高いとは必ずしもいえないのです。

例えば、IT業界でよくいわれる、誕生して約60年がたつプログラミング言語のCOBOL。同年代のFORTRAN。大規模金融システムやスーパーコンピュータなどでも、まだまだ現役で使われていますので、誤解のないようにしていただきたいのですが、これからの産業界全体では、主流の言語とは言えません。エンジニアのみなさんならよくよくご存じかとは思いますが、技術の進歩は目覚ましく、今最先端技術といわれているものも、永久に新しいわけではないからです。

市場価値を持続的に高めていくためには、スキルアップだけでは足りません。業務の範囲を広げていかなければ本当の意味での価値向上にはなりません。そういう意味で「キャリアアップ」は不可欠といっていいでしょう。

さて、キャリアアップするためには次のような環境があるか、チェックが必要です。

- **自身が磨いた新しいスキルを仕事で発揮できる環境があるのか**
- **習得したスキルが市場価値の高いものかどうかを客観的に判断できる環境にあるか**

この2つを踏まえた上でキャリアパスを一緒に設計をしてくれたり、サポートしてくれたりする企業であれば、自然とキャリアアップにつながります。

ちなみに……今話してきたこととは正反対の「キャリアダウンする」転職先とはどのようなところだと思いますか？

それは、**「自身の市場価値が下がるような環境」**がそれにあたると考えています。

例えば成長が見込まれない業界、将来性の低い技術分野、非効率なプロセスの中で作業者として従事することは、キャリアダウンにつながる可能性があります。また、全く別の角度から言えば、競争が激しすぎるポジションでは、新しい仕事を見つけることができず、昇進が難しいという懸念もあります。

ただし、これらの要因が必ずキャリアダウンにつながるわけではありません。

あえてその環境に飛び込み、自身の役割を見出し、後に述べる「修羅場体験」を積むことはプラスになります。また、場合によっては、「やっても面白くない」「全然興味が持てない」といった意に沿わない仕事をする場合も、キャリアダウンと感じてしまうかもしれません。

自身が取り組みたい技術が、市場とマッチしているかどうか、そうでないのかを見極め、そのうえでキャリアを選んでいくことがこれからのキャリアアップには必要不可欠となっていくはずです。もし、その結果自分の身に付けてきた技術が「市場価値が低いかも」と気づいたら、**「これまで積み重ねた技術を新しい分野でどう活かせるのか」**を考えていくことが求められます。

キャリアの6割は「今いる場所」が作る

前項では、キャリアアップできるような環境が大事であるとお伝えしました。それを踏まえて、もう少し「キャリア」の意味についても考えたいと思います。

平成14年7月に厚生労働省は「キャリア形成を支援する労働市場政策研究会報告書」を発表しました。報告によると、「キャリア」とは、一般に「経歴」、「経験」、「発展」さらには、「関連した職務の連鎖」等と表現され、時間的持続性ないし継続性を持った概念をいいます。一般的に私たちは「キャリア」と聞いてポジティブなイメージを持ちますよね。少し言葉が古いかもわかりませんが、「キャリアウーマン」というと、バリバリ仕事ができて知的さを感じさせます。（私だけでしょうか？）

しかし、その一方で「キャリア」という言葉を間違ってとらえている人もます。例えば、「高収入だから」「なんとなくかっこよさそう」「エンジニアをやっていたというと箔がつく」などのあいまいな理由で、エンジニアにキャリアチェンジする人たちがいます。たしかにこれもひとつの「キャリア」なのでしょう。しかしながら、企業がそのような人の職歴を見たときに、「とてもいいキャリアをお持ちですね」とは思わないでしょうし、信用もしないでしょう。経験が浅いエンジニアの方に重要な仕事は回ってきませんし、専門性の高い仕事はそもそも依頼されません。

では、「キャリア」を磨くにはどうすればよいのでしょうか。

そのひとつとして、私は「**客観的にキャリアを見つめて、今いる場所で信用できる仕事をすること**」が非常に重要だと考えています。それを裏付けるように、日本では最近「リファレンスチェック」を導入する企業が増えています。リファレンスチェックとは、企業が応募者の人となりや今までの仕事ぶりなどを確認することを目的に、応募者と一緒に働いたことがある第三者に対して行う調査のことです。このことからも企業は、その人がどんな業務を行ってきたのか、そのプロセスをより知りたがっている、ということがわかります。

すなわち、今いる場所で成果の出る仕事をしなければ、次の会社に転職する際も不利になる、ともいえるでしょう。**キャリアの6割は「今いる場所」がつくる**といっても過言ではないのです。

「今いる場所」を広げていくためにみなさんがまずできること、それは視野を広げてみることです。

例えばメンバーの一員としての仕事しかしていなかったのであれば、ＰＬやＰＭの業務に立候補してみる。あるいは、自分の力量より少し上のレベルのプロジェクトへ異動してみるなど方法はいろいろあります。さらには、社内転職や横断的な社内プロジェクトに応募することによって、自分のもっている技術を活かすことも一案です。ぜひ、「**視野を広げるためにできることは何なのか**」これを機会に考えていただければ幸いです。

「自己実現」を応援してくれる職場の見分け方は1つ

昔に比べて、現在は社員の自己実現をバックアップする企業が増えました。前章でテクノプロ・デザイン社の自己実現制度について触れましたが、制度スタート当初は「自己実現なんだから、会社がサポートするのは矛盾している」「自腹で勉強するからこそ身に付くのでは」なんて声もあがっていました。しかしながら少子高齢化の折、少しでも優秀な人材を確保しようと企業は躍起になっています。その中で、「今の若手は社内で自己実現ができるかどうかを重視している」ことを企業もまた、十分に把握しているからです。エンジニア業界においてもそれは同じ。担当業務に関する技術の深堀りや、さらなるキャリアアップのための学習、新技術領域などについての学習に力を入れている企業も多くあります。そういった体制があるのにも関わらず、社員のほうが「こんな自己実現のための制度があることを知らなかった」ということもよく聞きます。

自己実現といってもいろいろありますが、理想となる自分になる近道が、実は「社内転職」にあると感じています。

今の仕事は面白くない。だけど、会社を辞めるのにも抵抗がある。そう思っている社員にとって、まさに社内転職は「突破口」となるからです。しかし、社内転職を考えた際、注意しなければならないポイントがあります。それは、**「社内転職について上司・メンバーにロールモデルがいるかどうか」**です。自身も社内転職や異動を通じてキャリアアップした上司であれば、部下のそうしたチャレンジにも理解を示し、想いにも十分応えてくれるでしょう。同じ経験をした先輩や同期がいれば、より具体的なアドバイスももらえるはずです。

とあるエンジニアの方が私にこんな話をしてくれました。「阪上さん、上司が新しい環境に行くことを後押ししてくれると自分もステップアップしようと思うんだけどさ、上司が変わって〝変化は望まない、今ある仕事だけを頑張ればいい〟っていう上司だったりすると途端にやる気が下がるんだよ」

たしかに、後者のような上司の下では社内転職はおろか、新しいことを学ぶ「学習意欲」ですら低下してしまうでしょう。このことからもわかるように、社内転職のしやすさは、会社の「カルチャー」や「社風」にも大きく影響するところがあるのです。しかも部下の方にとって上司の考えを変えることはなかなか難しいもの。そういう意味でも、環境選びはとても重要です。

この点、テクノプロ・デザイン社は社内転職をしやすい環境を整えています。前述の「自己実現制度」は、そこそこ「エイや！」の気持ちが必要になったりもしますが、それ以外にも社内の公募制度があります。この制度を使って、未経験からデータサイエンティストになった方や、教育研修講師、マーケター、事業企画担当、キャリアデザインアドバイザーになった社員など、エンジニア職以外へのチャレンジも含め、数を挙げればきりがありません。

テクノプロ・デザイン社のキャリアデザインアドバイザーは、新卒入社してから5年間付き添い、その方がどんなエンジニアになりたいのか？　を明確にし、その目標に向かってアドバイスやサポートをしていきます。エンジニアにとってコーチのような役割をしてくれるおかげで、「目指すエンジニアになれました」という方がたくさんいらっしゃいます。また、メンター制度も取り入れながら、普段の相談も気軽にできるようにしており、結果的に退職抑止にもつながっています。

社内転職ができない会社の場合、社外への転職を考えてもいいかもしれません。しかし、キャリアチェンジが容易にでき、キャリアプランをサポートしてくれる会社なら、今ある環境でできることはまだまだあるはずです。ぜひ、足元を見つめ直すところから、始めてみていただければと思います。

「知識×経験×修羅場体験」が“成長の加速スイッチ”になる！

前項で社内転職の話をいたしましたが、エンジニアを成長させるのは知識や経験だけではありません。「失敗」やさらには「修羅場体験」が、成長を促してくれるのです。

しかし、残念なことに最近の若手エンジニアは失敗を極端に恐れ、効率化や最短距離で行うことを重視しているようです。実際にメーカーの開発部門の部長職の方、役員の方にお話を伺うと「若手エンジニアの多くが失敗を怖がってしまって、次世代リーダーが育たない」といいます。それどころか、人との衝突や責任を負うことを避け、PMやPLを目指さないエンジニアも増えているといいます。

効率的に物事を進めることができるのは、大変すばらしいことです。しかしながら、エンジニアがただ机の上で黙々と、かつ最短距離で開発だけに集中すればいいか、というとそれは違うと言わざるを得ません。企業で最も必要とされるエンジニアは、物事を多角的に考え、コミュニケーションスキルに長け、マネジメントスキルを持った人材だからです。

では、どうすればそのような人材になれるのでしょうか？　それがエンジニアの「**修羅場経験**」なのです。

しかし、頭では修羅場体験が大事だとわかっていても、実際、「修羅場体験なんてしたくない」と思う方が大半でしょう。この点について、東京大学名誉教授でモノづくり業界の権威である藤本隆宏教授はテクノプロ・デザイン社の代表との対談の中でこのように語っています。

「長期的には社内に軍師タイプの人材が必要になります。産業全体を俯瞰（ふかん）する力があり、個々の現場でプランニングや詳細設計といったホワイトカラー的な業務をきちんとこなせるだけでなく、震災など異常時には、口だけではなくまず身体が動く。こういったブルーカラー的な資質を持った人というのは、やはりチームの中で頼りにされるものです。この両方をこなせる人を私はライトブルー人材と呼んでいます」。

ではどのようにすれば、そういった人材が育つのか。藤本教授は若い頃からの「**修羅場経験**」で経験値を重ねることがカギになるといいます。「最も有効な修羅場体験は、企業・産業・国境を越える越境体験である。未知の環境で、ライバルの恐ろしさ、お客さまの恐ろしさを思い知るというような経験を積み重ねていくことが良い修羅場になる」と。私もまさにこの意見に同感です。実際、当社の開発現場やクライアントの現場で「体が動くエンジニア」が必要とされているからです。

例えばある製品の設計担当のエンジニアを考えてみましょう。設計、開発、テスト段階ではうまくいったものの、世に出た製品で不具合が見つかってしまいました。いわゆるリコールとなり、企業には金銭的損害が発生、企業イメージも損ない今後の業績にも大きなダメージです。その担当エンジニアに全ての責任があるわけではありませんが、早期に事態を把握し、収束させ、ユーザーへの補償も考えなければいけないかもしれません。と同時に既に次のプロジェクトも同時進行していたりするものです。まさに「修羅場」です。こんなとき、誰かのせいにしてしまえば自分の心やメンツは守れるかもしれません。しかし、それと引き換えに成長機会は失ってしまうでしょう。

こんなとき、

・自分が果たすべき仕事は何なのか?

・そもそも自分の仕事は、最終的に誰のために役立つ仕事なのか?

を自己に問いかけることで、「自分の設計でどこか失敗があったのでは……」という気づきにつながります。この気づきがあることで、不具合を自分ごととしてとらえることができ、具体的な命題解決へと体も頭も働いていきます。こうした修羅場をおさめることで、結果的に、コミュニケーションスキルとマネジメントスキルを兼ね備えた人材へと近づくことができるのです。

ある別のエンジニアのお話です。製造業で品質管理を任せられていた彼は、修羅場体験を何度も経験。「お客さまは仕様書通りには使わない」「トラブルはこういうときに発生する」ということを理解し、「次に開発するときはこうすればうまくいく」という部分まで考えられるようになったといいます。企業からの信頼も厚く、彼は30代前半ながらどこか貫禄さえ備えていました。そうした「感性」や「カン」を養うためにはやはり「修羅場体験」が必要不可欠なのです。

とはいえ、「どのような修羅場体験がプラスになるのか」若手エンジニアには想像できない部分もあるでしょう。

では、テクノプロ・デザイン社のエンジニアが修羅場を経験し、それを糧にしているのかさらに2つの事例を紹介します。

1つ目は、宇宙探査機のプロジェクトに参画したCさんの事例です。

Cさんは、エンジニア⇓プロジェクトリーダー⇓キャリアデザインアドバイザー⇓新卒採用部の部長⇓特定のお客さまのテクニカルマネージャーというキャリアを積んでいる方ですが、ある意味テクノプロ・デザイン社では伝説の人物となっています。

「ボイジャー」「メッセンジャー」「はやぶさ」など、皆さんも一度は耳にしたことがあると思います。

いわゆるこうした宇宙探査機は国が関係した大掛かりなプロジェクトであるがゆえに通常のプロジェクトの何倍ものプレッシャーがありました。

開発が進む中、Cさんが担当する開発領域において不具合が発覚し、「君は国の予算を背負っている資格があるのか？」「ここまできた国のプロジェクトを君のミスで止められるのか」などと叱咤され、重い責任がのしかかってきたといいます。とはいえ、当然Cさん一人に責任を押しつけたいわけではなかったのです。実際はプロジェクトに関わる全てのマネージャー・メンバーが昼夜問わず、企業の垣根を越えて共に問題解決に取り組んでくれたことは言うまでもありません。これはCさんがこれまで積み重ねてきた信用貯金があったことも一因でしょう。

結果、設計ミスを何とか挽回することができ、Cさんは次の大掛かりなプロジェクトのマネージャーを任せられるまでに成長することができたのです。

後日談ですが、プロジェクトもひと段落して責任者の方に食事に連れて行ってもらったそうです。Cさんがその時のことを聞くと「君のポテンシャルならば、もっとできたはずだし、今後も同じような場面がくるはずだから、その予行演習のつもりだった」といわれたそうです。この経験で胆力がついたおかげで、以降のキャリアの中で「経験したことのない業務に携わる際も怯むことなくチャレンジできるようになった」とCさんは語っています。

2つ目は、厳しい納期を設定された大手電機メーカーで働くDさんの事例です。メーカーの経営層が、会議で実現したいシステムについて、営業部門と開発部門に対し「コンセプトから技術要件までを期限までに作るように」との厳命がありました。

「どの技術を使ったらそれを実現できるのか？」といった調査段階から全部Dさんが関わることとなり、非常に責任の重い仕事がのしかかりました。そもそも経営層が頭の中で考えたことを具現化するには、営業部と開発部の業務での課題発見を行い、課題を解決するようなシステムを生み出す必要があったからです。

こちらも困難な仕事でしたが、見事Dさんは経営層が納得できるようなシステムを作ることができました。プロジェクトが終わった後、Dさんは大きな達成感を感じたそうです。さらには「次に似たようなプロジェクトがあったらまた挑戦したい」と語っていました。

この仕事を振り返って、Dさんは自身の成長ポイントを「問題を解決できる想像力が養われたことにある」と述べました。自分の知識を使って、どのようなものを開発すればよいかがわかれば、あとは技術的にどう組み立てればいいかだけになります。プレッシャーのかかる「**修羅場体験**」によってDさんは自身の想像力は向上したのです。

「修羅場」の渦中にいるときは、たしかにつらいこともあるかもしれません。しかし、それを乗り越えたとき、今までとは違う景色がみなさんの目の前には広がっているはずです。

「もう学ぶことはない！」と思ったら・・・

本章ではできうる限り今ある環境を最大限に活かし、「キャリアパス」「キャリアプラン」「キャリアチェンジ」を考えた方がいいとお伝えしてきました。しかし中には「今ある環境ではすべて学びつくした・・・」という方もいらっしゃいます。

そういった場合は迷うことなくＪＯＢジャンプをしてもよいでしょう。ここでいうＪＯＢジャンプとは、働く環境（場所・責任・業務）が全く変わることをイメージしてください。ちなみに社外への転職を繰り返す人を「ＪＯＢホッパー」と表現することが多いですが、あえて分ける意味でＪＯＢジャンプと私は呼んでいます。

といっても、すぐに今の環境を移れる方ばかりではないでしょう。家族がいたりするとそうやすやすと動けない・・・ということもわかります。私の知り合いのエンジニアのＥさんは「今ある環境の中で学ぶことがなくなることで飽きたり、面白そうなことが見つかったら迷わずＪＯＢジャンプするよ」とあっけらかんと私にいつも話してくれます。そのフットワークの軽さは本当にすごいなと思うのですが、多くの方の場合、やりたいことがあってかつ、学びつくした状態になり身軽にならないとなかなか環境を全部変えるということには踏み切れないものです。

例えば環境をガラッと変えるために、所属する会社を変えようとしても準備不足だとうまくいかないことも多いもの。人材紹介会社に相談して「○○さんは次の職場で何がしたいですか？」「職場を変えることで何をかなえたいですか？」と聞かれても答えられない。これでは良いジャンプはできません。

そうならないために私がエンジニアの皆さんに強くお伝えしたいのが「**自分の軸を持つ**」ことです。ここでいう自分軸とは「**本当に自分がしたいことは何か**」「**仕事を通じエンジニアとして社会にどんな価値を提供したいか**」ということです。自分軸がないままだと、先の例のように「いったい自分が何をしたいのか」わからないまま、ただ環境を変えることが目的になってしまうことになります。

さらに悪いことに「環境を変えることは達成するかもしれないけれど、やっぱり今の仕事でいいか・・・」という非常に非効率なことをしてしまう可能性もあるのです。これほど遠回りなこともありません。そのためＪＯＢジャンプをする際には、まず自分軸をしっかり定める。それができないなら、**一度自分のエンジニアとしてのキャリアの棚卸し**をすることをお勧めします。

このキャリアの棚卸しに関して、テクノプロ・デザイン社には新入社員に5年間伴走するキャリアデザインアドバイザー、そしてその次のステージにいるエンジニアのキャリアについて相談できる「**バリュー・エンジニアリング・マネージャー（VEM）**」がいます。VEMは能力やスキルを最大限引き出し、プロジェクトにアサインするマネージャーです。お客さまと「今の担当プロジェクトに求められる成果」と「エンジニアのアウトプットに価値」を調整し、価格交渉する活動や、今抱えている案件でオーバースキル（エンジニアが持っている技能・能力が、その仕事で求めている水準より高い）のエンジニアたちと面談する仕事も担っています。例えば、オーバースキルだとみられるエンジニアへは「今のプロジェクトを見直して、次のステージに行きませんか？」とアドバイスを実施したりします。

エンジニアのFさんは、このVEMの面談を通してJOBジャンプした一人でした。彼は既にオーバースキルであったため、JOBジャンプを勧めたのですが、なかなか動く気配がありませんでした。面談を何度も重ね、Fさんのおかれた環境を整理していく中で、「そもそも入社した時、やりたいことは何だったの？」と問いかけ、Fさんが忘れていた記憶を掘り起こしました。そこで「自身の日常生活の半径10m以内で使う製品の開発で、上流の企画構想から自身の意見を反映させることができる開発環境で仕事をやりたかったんだ」ということに思い当たったのです。

それに気づいたFさんは「本当はやりたい仕事があったのに、そんな気持ちがあったことすら忘れていました」と、そこで初めて環境を変えることも考えるようになったのです。面談を開始してからあらためて自分が何をしたかったかを思い出すまでに実に半年以上かかりましたが、結果EさんはＪＯＢジャンプをして自分の目的に近づくことができました。

テクノプロ・デザイン社には、このようにエンジニアの環境をガラッと変えるサポートができる仕組みがありますが、今の社内にもしそうした仕組みがなければ、まずはキャリアの棚卸しを相談できる、外部のアドバイザー探しから始めてみるのも一つの方法だと思います。

山を登りながら見る景色に「エンジニアとしての幸せ」がある

ここまでエンジニアの成長についていろいろと話をしてきましたが、もう一つ、成長に関して大事なことをお話しさせてください。元キヤノンエンジニアでウェルビーイングの研究をされている慶應義塾大学大学院システムデザイン・マネジメント研究科教授、武蔵野大学ウェルビーイング学部ウェルビーイング学科教授の前野隆司さんがインタビュー（【幸福学・前野隆司さん】不幸なエンジニアと幸せなエンジニア、違いをつくるのは「工夫・視点・強み」の3つ - エンジニアtype｜転職type）の中でお話しされていたことです。それは「**若手エンジニアは、不幸のループに陥りやすい**」ということです。ドキッとしませんか？

【一般的に20代のエンジニアは、会社の中でも末端の仕事を任されることが多いですよね。本当はどんな仕事だって大きな目的につながっているし、人の役に立っているはずなんだけど、その片隅を任されているから、「何のための仕事か」ということが分からなくなってしまいがちです。

そもそもエンジニアは、部分的に切り出されたものを〝ちゃんと仕上げる〟のが仕事というところもあるので、全体を見る視点を失いがちなんです。すると、「やらされ感」がどんどん大きくなっていきます。

この、「やらされ感」というのは幸せの天敵で、エンジニアを不幸のループの中に閉じ込めてしまいます。

やらされ感で仕事をしてる人って、周りの目から見ても分かりますよね。「あ、なんだかあいつ、つまんなそうに仕事してるな」って。すると、ますます面白い仕事を任せてもらえる機会は減るし、新しいことにチャレンジできないまま出世からも遠ざかる。ずっと末端の仕事が流れてくるようになります。】

私はリーダー格のエンジニアの方と若手エンジニアの育成について話をさせていただく機会もあるのですが、まさにこれと同じ内容の悩みをリーダーの方が持っていらっしゃいました。そして同時に、これはエンジニアに限ったことではないなとも感じたことを思い出します。では、どうすればこういったエンジニアを生み出さないようにできるのか。それについても前野教授はインタビューの中でお話しされていました。

不幸なエンジニアと幸せなエンジニア、違いをつくるのは「**視点・工夫・強み**」の3つだということです。

【どうすれば若手エンジニアは「やらされ感」を払拭できるのか。大切なのは、**視点を変えること**。具体的なポイントは、一つ上のポジションに立ったつもりで仕事の全体像を把握してみることです。

いま管理職でない人なら、課長になったつもりで。課長なら、部長になったつもりで。部長なら、社長になったつもりで自分が任されている仕事を俯瞰的に捉え直してみましょう。すると、それが何のための仕事であるか、どうしたらもっと改善できるのか、視野が広がっていきませんか？

そうしたら、**自分なりの工夫を仕事の中で増やして**いきましょう。どんな小さなことでもいいから、自分の創造性を発揮していくことが幸せを感じる鍵になります。場合によっては上司に「もっとこうした方がいい」と改善提案をしてみるのもいい。ただの批

判でなければ、歓迎されると思いますよ。】

【若手エンジニアの方に幸せに働くためのアドバイスを送るとすれば、できるだけ早いうちに「**自分の強み**」を見つけましょうということです。強みがあると、自分に自信が持てるからイキイキと働けるようになるし、面白い仕事や上流の仕事がどんどん舞い込んでくるようになります。

じゃあ、自分の強みはどうすれば見つかるのか。

これはすごく簡単で、周りの人に聞いてみるといいですよ。自分では気づけなかったような答えが返ってくるかもしれません。】

なぜ不幸のループに陥るのか、そうならないためのポイントが、前野教授のインタビューを読むことにより私の頭の中で整理されました。私はこれらを山登りに例えながらエンジニアのみなさんにお話しするようにしています。

まずは「**自分の今の思考を、2つ上のステップに登らせる**」これがスタートです。例えば今メンバーの一員であれば、ＰＭの思考に立って考えてみるのです。そうすると視座があがり「自分はこの業務でどう動くことが求められているか」が客観的に分かるようになります。すると自分の行動範囲も広がっていき多くの経験が得られます。あとはそれを山登りするがごとく、繰り返していきます。

「行動する」「改善する」「自分の技術が役に立つ喜びを感じる」。そうするといつしか山頂に近づくにつれ「幸福なループ」に変わっていくでしょう。山を登りながら景色を見ると、つまらなさそうな顔も笑顔になっていくように「きついけれど楽しい」という感覚を味わうことになります。それがまた面白い仕事やチャレンジしがいのある仕事を引き寄せてくれます。自身でも「次は向こうに見える、あの高い山（仕事）に登って（チャレンジして）みよう！」という気になるはずです。山は動きませんが、自分が止まらないで動いていくことで、いつしか一緒に山登りをする友人に恵まれるかもしれません。そうするとさらに幸せは増しますよね。そうやって自分なりの幸せの登山に挑戦してほしい。少々暑苦しいかもしれませんが、私はそう伝え続けています。

たしかに、山を登るのは苦労が多いかもしれません。しかし、苦労しながら見る景色だからこそ、心に残るものになるでしょう。それはエンジニアの成長過程においても同じ。成長していくことが、ひいてはそれが持続可能なエンジニアとしての幸福にもつながっていくはずです。そんなエンジニアの方々のチャレンジをサポートしていくことが、私の務めだと考えています。

第3章まとめ

⑫エンジニアのキャリアアップは、転職を含めた幅広い選択肢を持つことが大事。
⑬転職には「社外」だけでなく「社内転職」の道もある。
⑭職場の選定では、「自己実現できるかどうか」をチェックするべし。
⑮その職場で、成長を促す「修羅場体験」が積めるかどうかをよく見ること。
⑯視座を上げ、自分の長所を見極めながら努力を続ければ、新しい景色に出会える。

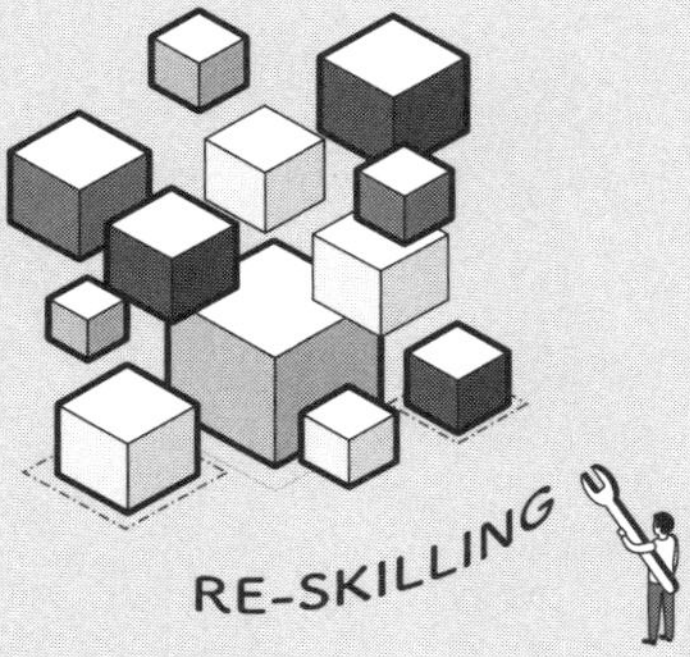

第4章

「リスキリング」の質＆量がエンジニアの命運を分ける

「目標」を決めてからの「リスキリング」でなければ意味はない！

1章や2章で、リスキリングの重要性についてお伝えしてまいりましたが、本章ではエンジニアにとってリスキリングがなぜ大事なのか、詳しくお話ししたいと思います。

似た言葉として「リカレント」「アップスキリング」「アウトスキリング」「アンラーニング」などがあります。少し話はそれますが、ここでそれぞれの語句を簡単に整理しておきます。

リカレント（教育）：教育と就労を繰り返す生涯学習方法
アップスキリング：今の職種の専門性をさらに高めること
アウトスキリング：人員整理の対象となった従業員に対し、会社が退職前にリスキリ

ングの環境を用意して再就職を支援すること

アンラーニング：新しいことに挑戦するため不要になったスキルや知識を捨てること

カタカナで書くと何か新しいものに見えますが、中身を見てみると特に新しい考えでも難しいものでもありません。おそらくエンジニアの方々は「人間死ぬまで勉強だよ」と、諸先輩方から言われてきていると思いますので、「リスキリングが大事」と言われても身構える必要はないでしょう。

さて、話を戻します。目的を持って新しいことを学んだとしても、学んだだけでは意味がありません。実際に実務に活かすことができなければ、本当の意味で「リスキリング」とはいえないからです。また、リスキリングの効果を正しく発揮するためには、企業側がリスキリングの意味を正しく理解することが欠かせません。職場にリスキリングした後の受け皿となる仕事やポジションがない場合、宝の持ち腐れになってしまうからです。

ちなみに、リスキリングがとくに重要視されているのが、エンジニアのみなさんが属しているデジタル分野の業界です。

ではなぜ、デジタル分野でリスキリングが重視されているのでしょうか？　それには、**「慢性的なＩＴ人材不足」**が背景にあります。本書の冒頭でも「２０３０年、日本ではＩＴ人材は最大で約79万人不足する」という試算があるとお話ししましたが、現在も常にＩＴの市場は人手不足となっている状況です。たとえ即戦力となる人材を希望しても、そう簡単に確保することはできません。そこで企業としては、新たな人材を採用するのではなく、必要な人材を内製化し育成が必要不可欠となっているのです。

そういう意味で、リスキリングを行うことは「ＩＴ人材不足」という社会課題を解決する大きな一手といってもいいでしょう。

しかし、エンジニアのみなさんがリスキリングをする際、やってはいけないことがあります。それは**「目標や目的を持たずにリスキリングを行うこと」**です。あまりないかもしれませんが、「同僚や友人が新しいプログラム言語の習得を目指しているから自分もやってみる」あるいは「資格を取得するのが目的になってしまって、勉強そのものにあまり興味が持てない」という場合、それは正しいリスキリングとは言えません。

リスキリングをする場合は、「**今後自分がどんな仕事をやりたいのか**」「**この先、どんなエンジニアになりたいのか**」という2点を明確にしたうえでリスキリングを行うようにしましょう。それが、リスキリングの効果をもっとも発揮する近道です。

「リスキリング」の質&量がエンジニアの命運を分ける

「やみくもにリスキリングを行えばいいわけではない」ということをお伝えしましたが、効果的なリスキリングのためには、リスキリングの「**質と量**」がとくに重要です。

ここでいう「質」とは、市場価値の高い業務にマッチするような学びを行うことで、「量」とは、学ぶための時間を指します。この2つが揃ってはじめて適切なリスキリングがかなうと考えてください。

この2つを見事に両立させて、自らのキャリアチェンジにつなげたエンジニアGさんをご紹介します。

あるとき、Gさんは、常駐先のお客さまから「今の事業から撤退する」と聞きました。Gさんを含むエンジニア達は驚くとともに、今後の不安を感じたといいます。「今の業務がいつまでもあるとは限らない。必要とされる技術を身に付けないと、これからも同じことが起こるかもしれない……」結果Gさんは新たな業務を探すことになりました。

エンジニア達にこうした不安を持たせるのもテクノプロ・デザイン社としては本意ではありません。そこで、この事業撤退をきっかけに、改めてエンジニア達にとってどのような技術を身に付けてもらえばいいのか、今後伸びそうな市場は何なのか、徹底的にリサーチを行ったのです。さらにはエンジニア達とも熱心に議論を重ねました。

その中でGさんが目を付けたのが「シミュレーション開発スキル」だったのです。シミュレーションとは、ここでは現物を使わずにコンピューター上で実験等をすることを指します。現物を使う必要がないため、製品が大きなものになればなるほど、コストを下げることができるというメリットがあります。また、シミュレーションソフトを活用し、365日24時間、人間の代わりに試験を行うこともできるため、開発プロセスそのものを短縮化できるという点も大きなメリットといえるでしょう。

その当時海外では開発プロセスにおいてシミュレーションを取り入れることがメインストリームになりつつありましたが、国内メーカーの多くは、まだまだシミュレーションを十分に活用しているとは言えませんでした。その理由は大きく分けて2つあります。

1つ目は数億円という導入費用がかかること。そして2つ目は、シミュレーションツールは海外製がメインであったことです。「不具合が起きた」「使い方を教えてほしい」といったことが発生しても、インターフェースなどが日本語でないため理解に時間がかかります。また、ツールベンダー本社に問い合わせをしても、回答が来るまで何週間もかかる、出張ベースでの対応となるとまた多くの費用がかかるなど、国内メーカーにとってシミュレーションツールは使い勝手が悪いものだったのです。

この2つ目の問題に目をつけたのが、Gさんたちテクノプロ・デザイン社のエンジニアでした。「シミュレーションの開発ができるようになれば、ビジネスが成り立つ」ことに気がついたのです。

そこで彼らは、海外の日本法人のツールベンダーに次のように提案しました。

「僕たちがツールのノウハウを習得して、導入支援を行います。顧客である国内製造業にパイプを持っているので、そちらにツールを紹介します。国内製造業も本音としてはシミュレーションを導入したいと思っているはずですが、今は使い勝手が悪いことで半ば導入を諦めてしまっています。でも僕たちがクライアントに説得します」

こうして、元々先行してシミュレーションの実務を行ったことのあるメンバーを軸に、ベンダーの協力を得ながら、チームとして数か月間のリスキリングをスタート。そしてツールベンダーに宣言したように、日本のお客さまにツールを紹介し、導入支援から開発までワンストップで手掛けるようになりました。

彼らは今後市場価値の高くなるであろうチャンスにいち早く気づき、リスキリングの「質と量」にこだわり、成功した例といっていいでしょう。繰り返しになりますが、リスキリングはただ学べばいいわけではありません。**市場価値が高く、需要が高いものにこそ、リスキリングに時間を割くべきなのです。**

世の中のリスキリングという言葉に踊らされず、「どんな学びが必要なのか」ぜひ突き詰めて考えていただければ幸いです。

やりたいことがわからないなら「成長分野」を選びなさい

「自身の目標にマッチした学びをしてほしい」と私は常々エンジニアのみなさんにお話ししていますが、その中で「どうしても自分のやりたいことがわからない」「目標が決めきれない」というエンジニアの方たちも一定数いらっしゃいます。たしかに、そういう一面はあるでしょう。これだけテクノロジーが発展し、複雑かつ専門化した世界では、目標を決めようにも選択肢がありすぎるのです。

「やりたいことが見つからない」エンジニアに対して私がお伝えしているのが、「**成長分野を選びましょう**」ということです。成長分野が何か、という問いは非常に難しいのですが、私は「安全性やセキュリティの分野」をそのひとつととらえています。

いまの日本では、新しい製品や世界基準となる規格が生まれにくいという現状があり、そのことは由々しき問題ではありますが、その一方で日本は「高い品質をつくり出すことに長けている」という特長を持っています。

例えば海外に製品を出荷する際、製品には厳しい安全基準が定められています。しかも規格に準拠するためのプロセスと開発手法は規格化されていて、決まった手順、開発手法に沿わなければ、製品の安全性は海外では認められません。各国の安全基準の中には要求水準が非常に高いものが数多く存在しますが、それにも関わらず、日本製の車、工業製品、家電などさまざまなものは国内外ともに高い安全性を誇っています。

つまり、この部分にこそ日本が得意とする「成長分野」があるのです。すなわち、安全性に準拠するための開発プロセス、あるいは仕組みをきちんと理解しているエンジニアが今後開発現場では必要とされていくはずです。

テクノプロ・デザイン社もまた、この分野に注目しています。エンジニア達は、安全性やセキュリティ分野の重要性を、「ＴＵＶ（テュフ）認証」の認証機関であるテュフ

画像引用：テュフ ズード　ジャパン
https://www.tuv.com/japan/jp/bauart-mark-type-approved-mark.html

ズードジャパンが主催するライブウェビナー・セミナー・イベントで学びます。

「TUV（テュフ）認証」とは、機械・電子機器や医療製品などあらゆる製品に対して、安全性や機能の有効性が認められたことを認証するグローバルな認証です。

海外に製品を出荷するためには、この「TUV（テュフ）認証」の審査に通る必要があり、審査基準や法律、また開発手法をきちんと理解しているエンジニアが求められます。こうした知識があるのとないのとでは、企画開発段階から製品出荷までのあらゆるプロセスにおいて、違いが出てくるのです。

それ以外で成長分野、といえばＡＩやビッグデータに精通しているエンジニアの市場価値が高くなるでしょう。例えば、今後はソフトウエアの開発はＡＩが担うと言われています。そのため、ＡＩを「使いこなす側」の技術やリテラシーを含めた知識が必要になるのです。ＡＩやビッグデータ関連に興味があるならばこちらの方面に進むのもよいと思います。

リスキリングとは、「**成長分野での学びを深める**」ことでもあります。もし、どんなことを学ぼうか迷うのであれば、ぜひ最先端技術やトレンド技術といった成長分野を選んでみてください。そこから、みなさんの今後の姿が浮かんでくることもあるかと思います。

なぜエンジニアは「少し難しい案件」に挑戦すべきなのか？

「リスキリング」は学びと実践の両方が大切だと前項までで繰り返し述べてまいりましたが、ではどんな実践が望ましいのでしょうか。

そこで私はよく「**自分が少し難しいなと感じる案件にチャレンジすること**」だとエンジニアのみなさんにお伝えしています。「難しい」と感じる背景には、プロジェクトの難易度と仕事のポジションの2つの側面があります。それぞれを詳しく紐解いてみましょう。

そもそもプロジェクトの難易度には「**技術的な側面**」と「**期間的な側面**」があります。例えば同じレベルの業務でも開発期間が短ければ難易度は上がります。また、複雑なプログラミングをしなければならない場合も、難易度は上がるでしょう。

リスキリングを行ったうえでプロジェクトに臨む場合、ぜひこの「技術面」と「開発期間」のハードルを上げてチャレンジしてみてください。そうすることで、自己成長が促され、開発スピードが向上したり、これまでできなかった業務ができるようになったりするはずです。

しかし、チャレンジする際にも注意点があります。それは、「**自分の力量を鑑みて、無理しない**」ということ。例えば、「短納期だけど、多分自分にもできる」というプロジェクトはチャレンジすべきですが「この業務はゼロから勉強が必要で、業務を完了するには明らかに時間が足りない……」という案件は避けるべきです。

これは仕事のポジションについても同様です。例えば、これまで1人のエンジニアとして開発に携わっていた場合、管理のポジションにつけば、開発エンジニアとして担当していた領域よりも、広い領域を見なければなりません。となるとプロジェクトの進行管理はもちろん、チームメンバーに割り振った業務の進捗管理という業務が増え、さらには関わる関係者も増えるため、おのずとコミュニケーションスキルも必要になるでしょう。

この場合も、注意してほしいことが（あまりないかと思いますが）経験がない中で、いきなりPMなどの上位のポジションに立候補することです。当然ながら経験がない中でうまく仕事が進めることができないと自信喪失ばかりしてしまい、いい結果を生みません。開発担当⇒ＰＬ⇒ＰＭと段階を踏みながら、少しずつ難しいことにチャレンジするのがおすすめです。

今後、エンジニアはその道の「スペシャリスト」ではなく、ある意味「ジェネラリスト」になる場面が多く求められると思います。ジェネラリストになるには、多くの経験がモノをいうでしょう。そういう意味でも、少し難しいプロジェクトを選び続けることで経験豊かな人材になることができます。ぜひ対応できる業務の幅を広げる意味でも、ぜひ「少し難しい」案件にチャレンジしていただければと思います。

目標までの距離感の把握がエンジニアとしての成長のカギ

テクノプロ・デザイン社には新卒の学生や経験の浅い第二新卒の方も入社します。エンジニアとして、同じようにスタートを切ってぐんぐんと力を付ける人もいれば、その一方で「私はエンジニアに向いていません」といって退職してしまう方もいらっしゃいます。

私は退職していく方の後ろ姿を見ながら、「もったいないな」と感じるとともに「会社として何かできなかったのか……」という思いにいつも駆られてしまいます。

退職していく、とくに若い方々にその理由を聞いてみると、次の3つに大別できるようです。

・周りと比較し知識不足を感じた
・想像していた姿と違っていた
・プロジェクトや業務が自分に合わなかった

この中の1つが辞める原因になることもあれば、複数の理由が合わさり辞めてしまう場合もあります。しかし、その中でもっとも多い理由が「周りのメンバーと自分とを比較し知識不足を感じてしまう」ことだと感じています。エンジニア歴が浅い人ほどこの傾向が顕著に表れます。業務がうまく進行しなければ、こんな気持ちになることもあるでしょう。

そこで私からの提案です。もしみなさんが「エンジニアに向いていないのかも……」と感じたら、ぜひ「今はまだ知識不足が理由で、エンジニアの仕事の面白さを感じるところまでたどり着けてないだけなのかも……」とご自身で言い換えてほしいのです。それが認識できたら「どんな知識が足りないか」を考えてみましょう。あとは、自分に足りない知識を積み重ねていけばよい、ということになります。ただし、その場合自己学習はマストです。

「ただやみくもに自己学習しろと言われても……」という方もいらっしゃるかもしれませんね。そんなみなさんに伝えたい実話があります。

宇宙飛行士になった、ある一人の男の物語です。その名を「ホセ・モレノ・ヘルナンデス」といいます。彼は幼い頃からメキシコからアメリカに家族とともに移り住み、農民として暮らしていました。

そんなときです。彼はアポロ計画によって宇宙飛行士になった宇宙飛行士の姿をテレビで見て、「自分も宇宙飛行士になりたい」という夢を持つようになりました。彼は必死で勉強し、宇宙飛行士の第一歩となるエンジニアになることができたのです。エンジニアになってからも彼は、宇宙飛行士のプログラムに11年連続で応募し続けましたが、結果は不合格。しかし、彼は諦めずにチャレンジを続け、なんと12回目のチャレンジで見事合格。２００９年のスペースシャトル・ディスカバリー号のミッションに参加することができたのです。

普通なら結果が出ないことに絶望し、とうに夢をあきらめていたことでしょう。ではなぜ彼は「宇宙飛行士になる」という目標を実現することができたのでしょうか。それは、幼い頃に父親から聞いた目標達成するための「５つの方法」を実践し続けたことにありました。

1. 目標を決める
2. 目標までの距離（時間）を知る
3. その距離（時間）に対して道のりを描く
4. 方法がわからなければ学ぶ
5. 達成が見えたらさらに努力する

これら5つの方法は、エンジニアが成長する過程においても覚えておいてほしいことです。とくに、2に挙げた「目標までの距離を知る」ことがとても重要です。

ゴールが見えないまま走っても、徒労感が増してしまいますが、「あとここまで頑張れば目標に到達できる」ことを知れば、モチベーションも維持することができます。つまり、「この知識をこの期間勉強すれば身に付けられる」と逆算してほしいのです。そうやって自己学習の習慣化ができたらしめたものです。


ホセ氏の事例をご紹介しましたが、日本にも努力し続けることの大切さを説いた「石の上にも三年」という言葉があります。

しかし私は、エンジニアは3年では足りず、「**一人前になるのに10年かかる**」と感じています。それは、長い道のりに感じるかもしれません。しかし、その都度自分と目標との「距離」を意識してみてください。千里の道も一歩から。コツコツと進んだ先に必ず、成長した自分が待っているはずです。

「ＯＪＴ」だけで「強いチーム」が作れない理由

リスキリングとはちょっと違いますが、「学ぶ」という場面において、ＯＪＴを経験した方も多くいらっしゃると思います。先輩等から仕事を教わるＯＪＴですが、私はこのＯＪＴという手法では、結果的に「**強いチームは作れない**」と感じています。強いチームには、何より「**自らの頭で考え、行動する力**」が必要です。たしかに、ＯＪＴで実務を学べば、技術としては身に付くかもしれません。しかし、実際に現場に入って自分の役割を与えられ、責任を持って仕事をしなければ、この「行動する力」は身に付けることができないからです。

ＯＪＴで学んだことは、いわば「最初の一歩」に過ぎません。そこから自身で試行錯誤を繰り返し、業務で最適化をはかっていくと同時に、自分の強みを知り、「どのように強みを活かせるか」を把握し、発揮していく。そんなエンジニアたちが集まったチームこそ、「強いチーム」と呼べるでしょう。

このようなチーム体制がテクノプロ・デザイン社にもあります。その一つが、Ｗｅｂアプリや組み込みの開発を専門とする「ソフトウエア開発センター」です。

たとえばお客さまから「こういうシステムを開発してほしい」と依頼された場合、チームで「言語やＯＳは何が適しているか」検証します。というのも、システムとプログラミング言語には相性があるため、適さない言語を選択してしまうと、その後の動作に不具合が生じてしまう場合があるのです。

そこで開発センターのチームは、「このシステムにとってどのプログラミング言語が最適か」をまず考えます。検討の結果、メンバーが習得していないプログラミング言語であれば、新たにプログラミング言語を覚えるのです。これは「習ったことさえすればいい」というＯＪＴであれば、出てこない発想です。その先を考えられるエンジニアになるためには、常に最新の情報を追いかけ、さらにはクライアントのニーズをキャッチするスキルを磨いていかなくてはなりません。

といっても、こういったＯＪＴ＋αのスキルは、当然ながら企業がこういった環境を用意しなければかないいません。例えば、レガシーな開発環境下でルーティンワークのように淡々と業務をこなすような場合では、新しい発想はそもそも必要ないからです。

ちなみにテクノプロ・デザイン社ではエンジニア自身が成長できるようなプロジェクトを常に用意し、選択できるよう情報を開示したり、研修の機会を用意したりしています。たとえば、最先端技術の情報に関して、事業計画を含めエンジニアに開示。それを学べる研修についてもエンジニアに知らせます。そこで「やりたい」というエンジニアが手を挙げた際に、フルサポートできる体制を目指しています。

たとえばテクノプロ・デザイン社のHさんは、同じお客さまのところに8年ほどいましたが、「次は新機種の開発をやりたいです」と言って、自身がのぞむ環境へと移っていきました。Hさんを担当しているアドバイザーに話を聞いてみると「新しい技術課題があって楽しい」「この部材よりあの部材を使った方がもっとコストが下がるはず」など、常に考えることがあってイキイキとしているようです。

エンジニア自身が考え、自ら行動することが実は一番の成長につながるもの。「OJ

Tだけで仕事のすべてを覚えた」と認識するのではなく、ぜひその先にある「**自分の頭で考える**」ことも意識していただけたらと思います。

全てのエンジニアに「誰かに教える経験」をさせなさい

リスキリングは、インプットとアウトプットの両者が大切である、とお話ししてきました。とくに私は「アウトプット」がカギになると思っています。これまでお伝えしてきたように、新しく学んだことを実践の場で活かすことはもちろんですが、もうひとつ、学びを最大限に活かすには「**人に教える**」ことがとても重要です。これはミドル層を問わずすべてのエンジニアに言えることです。後輩や部下に業務を教える。若手層・それは、相手にとってメリットになるだけではありません。教える行為自体が自分のマネジメント能力や自分の開発状況を伝える能力も押し上げてくれるのです。

とくに若手エンジニアの場合は、教えることで「**自分の強みや弱み**」を**発見すること**

にもつながるようです。「この領域はスラスラ説明できるけど、この部分はうまく伝えられないな」ということが、ダイレクトにわかるからなのです。

また、開発の手順を教えている最中に「この手順は必要ないのでは？」と気づくこともあります。それまで先輩から教えを受け継いで、何の疑問も持たずに正しいと思った手順であっても、よく考えるとムダだった。これは、人に教えることでその手順を客観的に見ることができるからなのでしょう。

実際、あるエンジニアは、後輩に教えている最中に今まで手作業で行っていた処理が「無駄が多い」と判断。ツール導入によって業務効率化をはかりました。また、ドキュメントルールを決めて作る設計書や要件定義書において、フォーマットが統一されていなかったことを見抜き、ルールを根本から見直したエンジニアもいます。教えることによって「今まで見えていなかった無駄や不備」に気づけたのです。彼はその時、入社3年目でした。

みなさんの中には、「人に教えるのは苦手だからやりたくない」という方もいらっしゃるかもしれません。しかし、教えることが自分自身のパフォーマンス向上や、チームの生産効率アップにつながるのであれば、その方が大きなメリットになるとわかるはずです。ぜひ、「教える」ことを構えすぎずに、ぜひチャレンジいただけたらと思います。

車載ソフトウェアの不具合を〝出荷寸前〟に3,000台直した

「リスキリングには質と量の両方が大切」だと繰り返しお伝えしてきましたが、私は「**経験によるリスキリング**」もとても大切だと思っています。ここでいう経験のリスキリングとは、これまでと違った経験をすることによって、新しい気づきを得たり、仕組み化することをいいます。この経験によるリスキリングを果たした、ある事例を紹介させてください。

テクノプロ・デザイン社には、大手自動車メーカーや自動車部品メーカーから受託開

発するチームが複数あります。特に、自動車1台当たりに100個以上搭載されているといわれるECU（Electronic Control Unit：自動車のさまざまな機能を制御するための装置であり、自動車の環境性や快適性、安全性の向上を目的として搭載されている）の開発に関してさまざまなご依頼をいただいており、今後も自動運転が進化することに伴い、多くの依頼をいただくことを見込んでいます。

あるとき、そのECU開発において試験の結果が不適合な値を示しました。その原因を探ったところ、お客さまから依頼をいただいた際に、仮のデータでやり取りをさせていただいた状態のまま、チームが開発を実施していたことがわかりました。新機能を搭載するためのECUであったため、しっかりと仕様が決まらないまま開発がスタートしたこともありますが、開発が進むにつれて仕様が変化したり、追加になったりすることは日常茶飯事です。終始密なやり取りで進めてきていたのですが、結果的には最後の仕様変更の段階で双方のコミュニケーションが不足していたことが原因でした。本来であれば正しいデータをインプットする必要があるのですが、それが反映されない状態でのECUが海外の工場に出荷されてしまったのです。

間違った状態で出荷されたわけですから、当然システムは機能不全に陥ります。このまま市場に出荷されればリコールになるであろうことは容易に想像できました。なんとしてもそれだけは防がなくてはなりません。

そもそも経験豊富で優秀なエンジニアたちですから、これまでと違う開発であることを加味し「データをお客さまに再確認しよう」と思えばできたはずでした。中にはわずかながら違和感があったエンジニアもいたようです。しかし納期が迫る中、その違和感をもったまま納品してしまったのです。

そんな危機的状況の中、金曜日に一報が入りました。それは「土日に現地に行って、5,000台分の不具合対応をしてほしい」というものだったのです。提示された5,000台という数。もしかしたらもっと対応する必要があるかもしれません。車両へ組み込まれているECUと、組み込まれていないECUがそれぞれどれくらいあるのか。現地へ行って確かめるほかありません。

一般的には、このような場合はお客さまと共に対応させていただくことが大半です。しかし、詳しい事情は割愛しますが、現実的にテクノプロ・デザイン社が単独で対応するしかない状況でした。

「私たちが行くしかない」と覚悟を決めましたが、ここで新たな問題が生まれました。

実際に「誰が明日から海外現地に行くのか？」ということです。既にさまざまなプロジェクトが重なっていたことで、手が空いているエンジニアがおらず、そしてパスポートを持っているエンジニアもわずかしかいませんでした。

「手が空いていない」「パスポート」という問題が持ち上がりましたが、複数のチームで開発を受託していたことが功を奏し、緊急対応できる5名が見つかり、急遽現地に行くことができました。

一時は5，000台の不具合対応をするということでしたが、実際に車両に組み付けられたＥＣＵは50台程度でした。しかし未組み付けのＥＣＵに関しては3，000台弱の不具合修正を行う必要がありました。

このような非常に困難な中での仕事でしたが、現地のお客さまとの連携もスムーズに行うことができ、対応は無事に完了。ことなきを得ました。この一連の出来事は確かに大変でしたが、一方で私たちは「**経験によるリスキリング**」を行うことができたのです。このリスキリングによって、エンジニアたちの意識も変わりました。

それまでのエンジニアチームには、「ソフトウェア実装の領域にいるため、実車に触れる機会がなく、不具合対応があっても緊迫感が伝わりにくい」「お客さまからの依頼を基に忠実に仕事をこなすことが優先」という傾向がありました。しかし、この件でソフトウェアの品質管理に対する意識が非常に高くなり、「指示通りに対応するだけではトラブルが出る場合がある」ことを学んだのです。

そこから「業務のダブルチェックをする」「作業自動化ツールを積極的に導入する」「どんなに忙しくてもリリース前にしっかりレビューをする」という仕組みをエンジニアたち自ら設けるようにし、さらに今も進化させ続けています。

「そんなことは当たり前じゃないか」と思われるかもしれません。ただこれを作業の一環としてやるのと、自分事として捉えてやるのでは雲泥の差です。まさに「**経験によるリスキリング**」**を経てエンジニアの意識改革が行われた**のです。

私はこの事例をことあるごとに他のエンジニアたちにも伝えるようにしています。それはひとえに「この事例をリスキリングのひとつのきっかけにしてほしい」という思いがあるからです。仕事にはトラブルはつきものです。ある自動車メーカーの幹部の方とお話しした際に、まさにこの事例と同様のことをご自身も経験されたと笑いながらお話しされていました。

後日談ではありますが、この件が落ち着いた後にお客さまへあらためて報告にあがりました。その際に「こんなにスピーディーに対応してもらえると思わなかった」「今後もより密にコミュニケーションをとって質の高い仕事を一緒にしていきたい」とお声がけいただき、今では当時以上にお仕事の相談をいただけるようになりました。まさに雨降って地固まるということとなり、お客さまとの関係性もより深めることができたと思います。

失敗によりエンジニアが得られるもの

前項で、ミスにより危機的状況に立たされたエンジニア達のお話をしましたが、どのようなエンジニアであっても仕事で壁にぶつかることはあります。

たとえば、若手エンジニアがしばしば経験するのが、コンパイルの失敗です。ソフトウエアエンジニアのみなさんであれば「何回もコンパイルをしたのにエラーが出続ける」という経験をしたことがあるのではないでしょうか。何度やってもうまくいかず、時間は無常に過ぎていきます。

また、「計画通りに行かない」「リスクの洗い出しが甘い」といった「スケジュールやリスク管理の失敗」や、誤った部品(材料)を選択したことによる失敗もよく見られます。とくに製品における失敗は、製品のブランディングや価値を下げてしまうことにもつながります。「製品が予想以上に早く劣化する」あるいは「必要な耐久性を持たない、もしくは製品の性能が発揮されない」といった問題はユーザーに不利益を与えてしまいます。

また、機械製品などの場合は厳格な法規制と安全規格に準拠する必要があります。これを無視したり適切に対処しなかったりすると、法的な問題や製品の信頼性に関する問題が発生するリスクがあります。

ネガティブなことばかりをお伝えしてしまいましたが、私がここで言いたいのは「**失敗は糧にすることができる**」そして「**失敗から得るものが必ずある**」ということです。

例え失敗してしまったとしても、「何が原因で失敗したのか」を分析し、新たな仮説を立てて実行すれば課題解決に一歩近づくことができます。また、課題解決ができれば、それは大きな「自信」にもなるでしょう。

しかし、失敗を恐れてチャレンジしなければ、言うまでもありませんが成長も新しい気付きもありません。経験によって知識が積み重なり、それに伴いスキルがアップする。このサイクルを回すには「失敗は不可欠」ともいえます。

失敗の先に課題解決がある、と信じること。そのプロセスの中にはテクニックだけではない「**無形資産**」も含まれています。ぜひ「失敗を非効率」ととらえるのではなく、「**むしろ必要なこと**」と改めて捉えなおして、日々の業務に、そしてリスキリングに取り組んでいただけたらと思います。

第４章まとめ

⑰リスキングは「目標」を決めて行うことが大事。

⑱目標を定めつつ、学びの質と量を高めていくことがエンジニアの持続的成長になる。

⑲やりたいことがわからないなら、「成長分野」を選ぶのも一つの方法。

⑳日々の業務では、少し難しいと思われる業務にも果敢に挑戦すること。

㉑目標までの距離を意識しながら努力を重ねていくことで、これまで以上に成長できる。

㉒学んだことを人に教えるなど、アウトプットを意識し、失敗からも学びを得よう。

第5章

もしも「ロボット設計者」が「データサイエンティスト」に転身したら？

もしも「ロボット設計者」が「データサイエンティスト」に転身したら？

これまで、リスキリングの重要性とともに、エンジニアのキャリアをどう描けばいいか、お伝えしてまいりました。5章ではそれを踏まえ、実際にリスキリングによって新たな道を切り開いたテクノプロ・デザイン社のエンジニアたちの事例をご紹介します。

まずは、ロボット設計者からデータサイエンティストに転身したIさんです。

大学時代、教師を目指しながら物理を専攻していたIさんは、入社後、機械エンジニアとして活躍していました。

設計部門において、設計図面を仕上げるだけでなくデータベース構築やBIツールを使ったデータの可視化を担当し、自身の力不足を感じたIさん。「もっと実力をつけたい」と、テクノプロ・デザイン社のキャリアデザインアドバイザーに相談しました。当時の世の中はまさにＩｏＴやＡＩブームのまっ最中。Ｉさんは、自身のスキルレベルがそうした最先端技術とかけ離れたところにあるのではないかと、常に焦りを感じていたのです。

Ｉさんは経歴や特性から、**「データサイエンティスト」**へ転身しました。データサイエンティストとは、膨大なデータ（ビッグデータ）からビジネスに活用する知見を引き出すＢＩなどの分野での中核人材であり、ビッグデータを解析して、プロジェクトの改善や課題解決、さらには事業の課題分析や新規事業の提案など、「データを読み解く」ことでさまざまな事象を導き出す業務を行う人材です。

決め手は、Ｉさんがもともと持っていた2つの目標にあります。1つ目は「変化の時代に対応できるエンジニアとなり、チームで活躍したい」2つ目は「エンジニアの経験を軸にさらに仕事のすそ野を広げたい」という思いです。

Ｉさんは、以前ある有名エンジニアの経歴を見て感じたことを思い出しました。そのエンジニアは若いうちから向上心を持ち、新しいことに果敢に挑戦し、常に先へ進むことを大事にしていたのです。

「目標を達成するには、現状に甘んじるのではなく先へ先へと進んでいかなければならないのだ」Iさんはそう痛感したといいます。

データサイエンティストが果たして自分に向いているのか、不安はありながらも、未知の分野に勇気をもって飛び込もうと決意。それからIさんは、帰宅後の時間などを利用してリスキリングに励む日々を送りました。その努力はついに実り、試験に合格してデータサイエンティストとしての一歩を踏み出すことができたのです。

現在Iさんは、常駐先の企業で機械学習を用いた異常検知を行うための学習モデルの構築や分析にあたり、お客さまの課題解決に尽力しています。「あのとき、思い切って決断してよかった」とIさんはいいます。

リスキリングは、自分の新たな可能性を引き出すだけでなく、働く場所や顧客も変化し、新たなスキルや人脈構築にもつながります。さらに言えば、リスキリングは、Iさんがイキイキと働くためのその土台をつくってくれたように思います。

原子力関連の機械設計エンジニアがデータサイエンティストで大活躍！

もう一人、データサイエンティストに転身したエンジニアJさんをご紹介します。

大学で物理学を専攻し放射能の勉強をしていたJさんは、大学で研究した内容を生かし、原子力発電の原子炉を設計・評価する会社に配属となりました。

原子力というのは、数値を1個でもミスをすると再評価しなければいけないという非常に緻密な作業を要求される分野です。しかし、細かい作業があまり得意ではないJさんは、将来にわたり、今の仕事をずっと続けていくことに不安を覚えるようになりました。

「もしかしたら、今の職は向いていないのかもしれない。その場合、自分にはどのような仕事が向いているのか」

「できるなら、プログラミングからすぐ結果が出るような最先端分野の仕事がしたい」

そう考えたJさんはリスキリングの研修を受けることにします。研修初日、「研修はひとりで受けるもの」という先入観を持っていたJさんでしたが、いざ会場に行ってみるとそこには大勢の仲間がいて、一緒に勉強することになったのです。

新しい学びは刺激的なものでしたが、それよりも大きな気づきになったのが、「受講生もみな、自分と同じに悩みを持っている」ということでした。「悩んでいるのは自分だけじゃないんだ」そう思えたことで、Jさんの意識は大きく変わりました。「みんなも頑張っているのだから、自分も頑張ろう」とやる気が湧き、リスキリングに費やすべく時間の使い方を工夫して、資格取得のために積極的に勉強するようになったのです。

Jさんにとって、それが大きなターニングポイントとなりました。

仲間の力も手伝って不安を払拭し、自分に向いていること、自分がやりたいことに向かって行動を始めたJさん。現在は自動車メーカーの生産管理の現場で、部品の需要予測や異常検知予測などを任されるデータサイエンティストとして活躍しています。

悩んでいた日々がウソのように気持ちに余裕ができて、さらなる高みを目指し、仕事に邁進しています。たしかにエンジニアは日々チームで仕事をしますが、誰もがチームメンバーに自身のキャリアの悩みを相談できるわけではありません。そういう意味でJさんは、**「同じ悩みや課題を持っている」エンジニアとの出会い**が大きかったのでしょう。現在も定期的に勉強会に参加しては、貪欲に学びを続けているJさんを見ると「リスキリングに終わりはないのだな」と考えさせられます。

評価経験者が電気回路設計・基板設計で大活躍!

評価・試験業務を中心にキャリアを積んでいたKさんは、評価経験者から「機能安全」にリスキリングしたことにより、電気回路設計・基板設計の業務に転身しました。

現代は、製品やシステムに不具合がひとつでもあると、会社の失墜につながる恐れがあります。そこで企業では、故障や不具合、事故といったリスクを監視装置などの機能によって低減や抑制する「機能安全」の考え方が重視され、有識者や習得者が必要とされているのです。しかしながら、リスク管理を技術面から見ることができる有識者はそれほど多くはありません。社内に有識者を抱えていない企業も多く、国の安全基準を満たすためにやむを得ず外部コンサルに依頼するケースもあります。ところが基本的に「機能安全業務」は機密情報のため外注に出せません。このジレンマに頭を抱える企業が多いのです。

極めて重要な業務であるにも関わらず、製品や製造プロセスの潜在的な故障モードを特定し、それが引き起こす影響を評価するリスク管理術である「ＦＭＥＡ（故障モード影響解析）」は、細かで複雑な検証を根気よく行うことが必要で、一見すると地味な業務に見えてしまうため、多くの人が挑戦しようと思う業務ではないかもしれません。ただ〝なり手〟が少ない分、企業内の需要が高い分野であり、高収入も期待できます。また「機能安全」のプロセスにある「ＦＭＥＡ」は、あらゆる製品やサービスの設計、製造、保守などに活用されており、自動車、航空宇宙、医療機器、電子機器をはじめとするさまざまな産業分野で取り入れられている技術です。

そこでもともと設計者へのキャリアアップを考えていたKさんは、需要にマッチする人材になるべく「機能安全」を習得しようと考えました。設計者の「機能安全」習得は高評価につながるというお客さまからのアドバイスも、きっかけのひとつになったといいます。約3ヶ月のリスキリングを経て「機能安全」の分野の知識・技術を習得。そして、その後に電気回路設計・基板設計者に転身し、バリバリ活躍されています。

評価者として働いていたときにはあまり意識していなかった、部品の選定、コスト意識、部品点数の削減といったことに意識が向くようになったといいます。

歩留まりの良い製品開発が行えるようになったことで、検査コストを抑えた原価低減に貢献できるようになりました。実際、Kさんは基板製造単価を1枚当たり30％下げたことにより、数年間にわたって毎月数億円のコストダウンを実現しています。クライアントからも「なくてはならない存在だ」と高評価をもらうまでになりました。

Kさんのように、**リスキリングは、自身の意識だけではなく、会社への貢献度向上に**

もつながる可能性を秘めているのです。

「携帯電話アプリ開発」→「ドライビングシミュレータの構築」にジャンプしたエンジニア

リスキリングは、エンジニアとしてのスキルや経験をさらに伸ばす、というものばかりではありません。

Lさんのように、「**一見つながりがないように見える分野へジャンプをする**」こともあります。Lさんは、携帯電話アプリ開発からドライビングシミュレータの構築へと、仕事内容を大きく変えました。

「なぜ?」と思われるかもしれませんが、これにはLさんの2度のキャリアチェンジの経験が影響しています。

もともとモバイル業界にいたLさん。業界の低迷や事業撤退により今後のキャリアを考えていたところ、自動車OEMメーカーから通信技術経験者のオファーを受け、1回目のキャリアチェンジをしました。そこでLさんは電装品システム評価部署に配属となり、ADAS（先進運転支援システム）やコネクテッド機能開発、EV開発における設計、評価業務を行えるようになりました。

2回目のキャリアチェンジは、社内の支援要請により、制御品質改善プロジェクトチームへ参画したことでした。ここでLさんは、試作車両の膨大な部品リストから必要な部品を選定するため多くの設計者からヒアリングを行ったり、電子ベンチ（評価環境）という車両1台分の電子部品を評価するための実験基盤製作に成功したりと、充実した日々を送っていました。

しかし残念ながら、COVID-19の流行による影響でプロジェクトチームは解散。残ったのはLさんだけになりました。「このままでは私も職を失うかもしれない……」と危機感を持ったLさんは、生き残る方法を必死で考えたのです。そして生まれたのが、「電子ベンチをシミュレーション環境で走らせる」というアイデアでした。それなら、人がリアルで集まれない今の状況でも業務を進められます。

しかし、シミュレーションを実現させるには、前を走行する車を検知するレーダーやカメラとブレーキシステムを連動させるなど、複雑な電子制御が必要で決して簡単なことではありません。

そこでLさんは、多くのツールベンダと協業しさまざまなアドバイスをもらいながら、シミュレータ間の連携や電子ベンチとの通信環境の構築で発生する課題を解決していったのです。一つひとつ解決するごとに、Lさんには達成感や手応えがあったといいます。

そうした努力が実を結び、ついに初めて電子ベンチの操作を基にしたドライビングシミュレータを画面上に表示させることができました。実際に、画面上で自動車が走る様子は、言葉にできないほど感動的だったそうです。Lさんが構築したドライビングシミュレータは、他の設計部門からも新機能の制御開発に活用したいとの声が挙がっています。

「わからないことは、まず簡単なことから触れてみて具現化していくのが大事」とL

さんは語ります。4章で紹介したホセ・モレノ・ヘルナンデスのように、**常に好奇心や興味を持ち、逆境に諦めることなくまず行動してみる**。そうした意識が、Lさんの成功を後押ししたのです。今後Lさんのように異業種へチャレンジするエンジニアは、増えていくのではないでしょうか。

成長のカギは〝遠慮なく、異なる分野〟を学ぶこと

次にご紹介するMさんは、メカ系エンジニアであるにもかかわらず、リスキリングとしてソフトウエアを学んだ方です。「メカ系エンジニアほど、実はソフト系の知識が大事」Mさんがそう考える理由は、メカ製品も制御ソフトに電子制御されたり、動作状態をセンサにより監視したりすることが一般的になっているからです。

とくに重要なのが、メカ製品と制御ソフト間の入出力データ仕様の理解です。実際に

Mさんは、乗用車（SUV）のバックドアの自動開閉制御の自動評価業務において、ソフトウエアの知識が必要な場面に遭遇しました。テストプログラムを開発するには、バックドアのメカ的な機構と制御ソフトの仕様を把握しなければ実現できなかったのです。

自動車開発の現場ではほかにも、シートやヘッドライトの照射範囲の調整など、電子制御ソフトウエアと連携する機能が増加しています。もはや、メカ部品とソフトウエアを切り離して開発することはできません。今後、電気自動車の開発がより一層進むと、その傾向はさらに強くなるでしょう。

Mさんは、主に自身の仕事を通じてソフトウエアの知識を身に付けていきました。制御ソフトの仕様をはじめ、内部の構造などわからないことがあれば、その都度チームメンバーに聞く、さらには本を読んで自己学習するなど徹底的なインプットに努めたのです。その結果、Mさんは、ソフトウエアのプログラムの読み書きができるまでに成長しました。まさに**ハイブリッドエンジニア**になったのです。

Mさんのように独学で進めることもできますが、一方社内（外）で他分野のエンジニア同士で交流会を作るのもおすすめです。例えば、テクノプロ・デザイン社には「ラズパイサークル」というものがあります。

ラズパイとは正式名称を「Raspberry Pi（ラズベリーパイ）」と呼ばれる2013年にイギリスの慈善団体Raspberry Pi財団が学校のコンピュータ教育向けに開発した「シングルボードコンピュータ」のことです。自作パソコン作成などの電子工作、ロボット開発などIoT分野で幅広く活用されています。

そんなラズパイを研究する目的で作られたのが、「ラズパイサークル」です。メカ系エンジニア、ソフト系エンジニアどちらも参加しているため、双方の交流ができ、お互いの立場を理解した協調設計が実現しています。

テクノプロ・デザイン社のエンジニアたちは、このラズパイサークルに積極的に参加し、ROSのロボット制御などを学んでいます。ラズパイでシーケンスを実行したり、ロボットレーサーの上位チームに入ったりと仕事に応用できるスキルを磨ける場として活用しているのです。学びの場は、セミナーや勉強会だけにとどまることはありません。仕事の中で培ったり、専門サークルを活用したりと、実はさまざまな場所にあるのです。

もしも「電気設計者」が、ソフト業務に転身したら？

次の事例は、電気設計や評価業務に従事していたNさんです。

Nさんがソフト業務への転身を考えたのは、展示会向け自動車の電気設計を担当したときでした。ソフトウエア担当者が半導体について波形制御品とプログラム制御品の比較検討を行っている姿を見て、「自分にもできそうだな、やってみたい」と思ったのです。

しかし、Nさんはソフトウエアの知識がありませんでした。そこでNさんはなんと自ら前述のラズパイサークルを立ち上げ、ソフト系エンジニアと会話する機会をつくりました。

「ソフトウエアの仕事に携われるなら何でもやる」という強い意思を常に持って、ソフトウエアのテスト工程から入り、身近でソースを見たり、機能テストを体験したりするなど生のプログラムに触れる時間を捻出。「実務を学べる」部分にこだわりました。

また普段から、「お客さまの質問や要望には必ず対応する」という気持ちを持って仕事にあたっていたNさん。あるお客さまがWindowsアプリケーションの担当者を探していると聞き、積極的に手を上げたのです。

ソフトウエアを勉強しているとはいえまだ経験や知識は十分とは言えない状態。それをNさんは自分でもよく理解していました。そこでなにかソフトウエアに関する仕事が来た際は、現場経験を通して自分のインプットを強化しようと考えたのです。

するとお客さまもまた、Nさんのチャレンジを応援してくれました。なんとNさんが最初のプログラムを理解するまで、担当者をもうひとりつけてくれたのです。2人で相談しながら進めることができたおかげで、アプリの設計が終了する頃にはプログラムのコントロールをマスターし、無事に仕事を完了できました。

これには日頃からお客さまの要望に耳を傾け、お応えしたい、お役に立ちたいという思いで仕事に取り組んできたNさんが、お客さまから強い信頼を得ていたことも大きかったでしょう。

さまざまな努力の末、Nさんは電気設計者からソフトウエア業務に転身。ハード設計とソフト設計の両面の知識を活かした製品開発が行えるエンジニアとして活躍するようになりました。現在は、電気試験の効率化をソフトウエアで実現する業務に携わっているNさん。試験担当者としての仕事量も増えていながら、空いた時間は新たな知識習得に費やすなど引き続きリスキングにも前向きに取り組んでいます。

Nさんからは、**未経験のことにも強い意志をもって飛び込むことに対し常に誠意のある対応をすること**の大切さが学べるのではないでしょうか。

「ハード&ソフト」の「ハイブリッドキャリア」が最強な理由

これまでにもお伝えしてきたように、ハードとソフトの両分野に精通するエンジニアは少ないのが現状です。しかし、これから先、製造分野、医療分野などに代表されると

ＡＩやＩｏＴが導入される現代では、ますますこの「**ハイブリッドキャリア**」が必要になるでしょう。

例えば私たちの生活の中でも、ひとつの性能のみを有する家電は少なくなってきています。今後はＣＰＵが多くのセンサ情報を拾い、多数のデバイスへの接続が可能になれば、必然的にハード・ソフトそれぞれの対応が必要になります。

時代がハード面もソフト面も両方扱えるエンジニアを求めているのは間違いありませんが、なぜこのキャリアが最強なのかと言えば、「**全体を俯瞰した見方ができる**」という点が挙げられると思います。

例えば、最近製造業で導入が進むＭＢＳＥ（モデルベースシステムズエンジニアリング）ですが、これはハイブリッドキャリアを表すひとつの例といっていいでしょう。ＭＢＳＥを理解している人は全体を俯瞰し、製造設計～開発のプロセスにおいても、優先順位を鑑みたうえで最適化できるシステムを構築していくことができます。さらに言えば、ソフトでの要求分析、仕様設計のフェーズからハードの動作確認まで、多くの作業工数を１人でこなすことができるため、時間面、コスト面でも大きなメリットがあります。そうしたエンジニアは、企業にも大きく貢献できます。まさに「企業が喉から手が出るほど欲しい、高付加価値エンジニア」といってもいいでしょう。

では、どうしたらこのような「**ハイブリッドキャリア**」を持てるのでしょうか。

まず言えるのは、ハードやソフト、通信、機能安全といった複数の専門的な技術が求められる環境に身を置くことです。前項のAさんではありませんが、「自分が必要な技術を学べる環境」で、多くの経験を積み、それを活かしていく現場がまずは必要です。

とはいえ、そんな環境がどこにあるのか、自分一人では見つけることは簡単ではありませんし、決めきれるものでもありません。そこでもう一つはハイブリッドキャリアを実現する「**分野**」を決めることが重要です。

例えば、医療分野であれば、医療機器本体の進化だけではなく、IoT・AI・5Gなどのさまざまなテクノロジーを果敢に取り入れています。「自分はここでエンジニアの能力を活かしたい」と思える分野を選び、そこで経験や技術習得の横展開をしていく。

さらに言えば、医療でいえば、「ハードは身体でソフトは心」ですが、「身体も心も両方救いたい」と心から思えることが「ハイブリッドキャリア」を身に付けるヒントになるかもしれません。

逆説的になりますが、自身が技術力を通じて何をなし遂げたいかを深堀りしていき、それを社会的意義にまで昇華していくと、自ずとハイブリッドキャリアへのイメージがわいてくるのだと思います。

使う人が便利で快適に、という**ハード面**と、安全に使えて、日常の不具合をなくす**ソフト面**が揃ってはじめて製品は成り立ちます。その両方を叶えていくのが、ハイブリッドキャリアの原点であり、ゴールなのだと私は確信しています。

「大ピンチ」から〝大逆転新サービス〟を生んだエンジニア発想

さて、さまざまなエンジニアの事例をご紹介してまいりましたが、ここで、「これこそエンジニア発想」とも呼ぶべき事例をお伝えしたいと思います。

自動車開発に従事していたOさん。あるとき大雨による浸水によって自動車の電源が失陥してしまい、システムがロックするという大きな不具合が発見されてしまいました。手動式であった昔の自動車と違い、現代の自動車のほとんどはすべてコンピュータにより制御されており、水没するとギアなどが利かなくなり車を動かせなくなってしまいます。

「このままでは開発に遅れが出てしまう……」

焦ったOさんでしたが、日頃から「行き詰まったときが、ひらめきのチャンス」と考えていたOさんは、どうしたら不具合を解消できるのか、寝ても覚めても思いを巡らせていたといいます。

3DやCADの知識を持っているOさんは、どんな形状でも具現化するのが得意でした。まずは頭の中でシステムの構造や機構をイメージし、概略図を描いて3D化。そこから「具体的な設計をしては失敗する」という過程を何度も繰り返しました。

そんな方法を積み重ねていくうちに、ある日、解決方法をひらめく瞬間が訪れたのです。「あ、これだ!」早速、Oさんは、新たな解除機能を開発することで浸水時にも車両移動を可能にしました。さらに課題解決手段として開発したその機能で、特許も取得。画期的な構造の開発は、海外工場からも絶賛され、Oさん自身の高評価にもつながりました。

まさにピンチをチャンスに変えたOさん。

私は第1章で、エンジニアが未来を描けない理由「クリエイティブ能力に欠けている」という話の中で、そもそもクリエイティブ能力に欠けているのではなく、環境がそうさせているとお伝えしました。

類いまれなひらめきは、日頃からどんなに難しい課題でも「解決の糸口はないだろうか」と果敢に挑み、考えるエンジニア発想が鍛えられていたこと、そして目の前の仕事に対して真剣に向き合い、技術を磨き続けてきたOさんの意識や努力によって培われたものでもあるでしょう。

「新しい何かを創り出す」というエンジニアの仕事は、世のため、人のため、地球環境を守りたい、交通事故をなくしたいなど、さまざまな社会課題の解決にもつながります。

難しい課題も多々ありますが、そのような課題にも勇気を持ってチャレンジし、解決のための能力や技術を身に付けることはエンジニアとしてのやりがい、喜びであるとOさんは言います。社会課題が山積する今、そうした考えこそ、私は「**エンジニア発想**」であると考えます。

本書を読んでくださっているみなさんの中にも、日々の業務の中でさまざまな課題にぶつかるたびに、「**これはどうしたら解決できるのだろうか**」「**もっと良いものを創りたい**」と思考を巡らせている方がいらっしゃると思います。こうした方々は、すでに「エンジニア発想の種」は持ち合わせています。ぜひその種を大事に育て、花を咲かせていただければと願っております。

自身の仕事がテクノロジーに置き換えられる時代のエンジニアのあり方

さて、テクノプロ・デザイン社のエンジニアの多くが自動車関連の業務についていますが、自動車製造をする過程で、必ず実施されるのが耐久検査です。

・壁に衝突したとき
・何時間もずっと走り続けたとき
・坂道や石畳などの悪路を走ったとき
・深い水たまりに入ったとき　など

自動車メーカーは、起こりうるさまざまな事故や使われ方を想定した耐久試験を行い、車両性能や安全性をチェックします。

耐久検査は、ひと昔前まで実際の車を使用して行っていました。しかし現代では、CADやCAEの活用によって、コンピュータ上でシミュレートできるようになったのです。

こうしたシミュレーションが普及した背景には、テクノロジーの進歩のほかに、消費者のニーズの移り変わりが激しくなっていることが挙げられます。ニーズを逃さないために、企業は迅速に、タイミングよく、リーズナブルな製品を市場へ供給しなくてはなりません。それと同時に、材料費、設備費、人件費（人数×時間）といったコストを削減し、利益も上げなくてはならないのです。

さらに現在は開発がより複雑化する一方で、開発のために費やせる時間が短くなっている実態もあります。

耐久検査をコンピュータ上で行うことができれば、検査工数が減ってよりスピーディーな開発につながります。複雑化する技術にも柔軟に対応できますし、実際の車を使わず、最小限の人材で実行できるため、前述したコストも大幅に抑えられます。つまり、生産性向上や効率化を図る意味でも、シミュレーションによる耐久検査は有効な手段なのです。

こうした新しいテクノロジーが世に出てくるたびに、「自分たちは仕事を失ってしまうのではないか？」「もうエンジニアはいらなくなる？」と不安になるエンジニアが少なくありません。仕様を指示するだけでプログラムのコードを自動生成するコーディングＡＩの登場などは、まさに代表的な例と言えるでしょう。

しかし、私が大きな声で伝えたいのは、**「その現状に、どうか悲観しすぎないでください」**ということです。

例えばＡＩの進歩によって、前述したコーディングＡＩなどの精度を向上させる「プロンプトエンジニア」という新しい職業が誕生しました。こういった動きは、他の業界でも十分考えられます。

例えば、今自動車開発に関わっているエンジニアなら、シミュレータを活用して試験の効率化を追求するエンジニアになるといった選択肢もあるでしょう。現実ではできないようなことができるシミュレーション環境を使って、まだ世にない新しいものを作り出す、アイデアを創出するという発想もできます。

いくらテクノロジーが進歩しても、生身の人間が関わったり考えたりしなければならないことは必ずあります。今後は、それを発見するスキル、生まれたアイデアを形にするスキルを持つエンジニアが、ますます市場から求められていくのではないかと思います。

そしてどんなに時代が変わったとしても、**「自分に新しい価値を作るチャンスができた」**と発想の転換ができるかどうかが、エンジニアの未来を切り開く鍵となるのではないでしょうか。

実務経験が「現場感のある発想」をもたらす

さて、本章の最後は、みなさんが日々取り組んでいる実務経験が**「エンジニアとしての創造性にどうつながるのか」**テクノプロ・デザイン社が関わった実際の事例を通してお伝えさせてください。

テクノプロ・デザイン社は、株式会社ＳＵＢＡＲＵとともに、デジタルツインを応用した世界初のシミュレーション付き電子ベンチの構築プロジェクトを開始しました。豊かなモビリティ世界を目指し、シミュレーション付き電子ベンチを構築したいという同社の夢に共感し、両社の強い気持ちが重なり合ったことが、今回の取り組みにつながりました。

デジタルツインとは、現実にある情報をＩｏＴなどで集め、送信されたデータを基にサイバー（仮想）空間で現実空間を再現する技術です。今回のプロジェクトによって、制御機器やシステム、操作系、表示装置といったさまざまな機能を組み込んだシミュレータ『ＩＶＸ－Ｄ』が開発されました。運転席のようなフレームには、運転操作に応じた走行の状況が映し出されます。『ＩＶＸ－Ｄ』を使えば、実際の車両を使うことなく各ＥＣＵへの12Ｖ電源供給やＣＡＮ通信モニタリングが可能であるほか、「走る・曲がる・止まる」といった制御技術の評価なども行えます。

このプロジェクトの中心になったのは、ステレオカメラによる衝突被害軽減ブレーキ『アイサイト』をはじめ、長年ＳＵＢＡＲＵの技術開発に力を注いできた技術本部技監の樋渡穣（ひわたし　ゆたか）氏です。

『ＩＶＸ－Ｄ』の成功は、いろいろな想像力と現実世界をうまく組み合わせることができたためだと、樋渡氏は語っています。

なぜなら、『ＩＶＸ－Ｄ』というとても素晴らしいシミュレータも、基盤となる電子ベンチがないと、その機能を十分に発揮することはできないからです。

樋渡氏の自動車運動モデルやシミュレートの豊富な知識や経験、そしてテクノプロ・デザイン社のエンジニアの電子ベンチについての知識や経験が融合したことで、初めて「シミュレーション付き電子ベンチの構築」という両社の夢の実現へと至ったのです。

シミュレーション環境であれば、例えば「運転席に座ったらハンドルが出てくる」「空を飛ぶ」といったような、現実では実現が難しい実験も検証が可能です。

まさに想像力と現実世界を組み合わせたデジタルツイン技術は、今後あらゆる分野での活用が期待できるとともに、エンジニアのさらなる発想力の促進も期待できるでしょう。

未来に求められる新しいサービスやシステムをイメージし、自身の経験や知識、技術と融合させながら、世の中に新しい価値を生み出すことができる。これからの時代に生き残り続けられるのは、間違いなくそうしたエンジニアです。

そのためには、**実務経験から離れないこと**もとても重要となります。なぜなら、**新しい発想は現場からしか生まれてこない**からです。

実際の現場では、どのように開発が進められているのか。最新技術や世の中のニーズなどに合わせ開発にどんな変化が起こっているのか。そうしたことを自身の目で見たり、実際に体験したりすることで想像力はより高まるでしょう。

成長し続けたいエンジニアの方には、ぜひ**最前線に居続ける**選択をしていただきたいと強く思っています。それと同時に、**まだ見ぬ世界を夢見て、ドアをたたき続ける**。その粘り強さに、私はエンジニアとしての強さと美しさを感じています。

第5章まとめ

㉓リスキングによって学びと成長を得て、華麗な転身を果たしたエンジニアは多い。

㉔中には、ロボット設計者や機械設計エンジニアがデータサイエンティストとして活躍するケースもある。

㉕異なる分野に挑戦し、学びを深めている人ほど、活躍しながら成長を続けている。

㉖とくにこれからのエンジニアは、ハードとソフトの両面に精通した「ハイブリッドキャリア」を実現することが求められる。

㉗多岐にわたる経験が現場感のある発想をもたらし、より活躍できる人材への道を開く。

第6章

ハイパーＪＯＢ型人材に定年退職はない

VUCA時代、10年後の必要人財が〝わからない〟からおもしろい！

ビジネスパーソンであれば、「自分はいつまで働くことができるんだろう」と一度はリタイヤについて考えたことがあると思います。ましてや、「ITエンジニア35歳定年説」なんて言葉もささやかれる中、未来に不安を抱いているエンジニアさんはたくさんいらっしゃることでしょう。

しかも最近では生成AIをはじめとしたテクノロジーの変化、突発的な自然災害、感染症の世界的流行……ここ10年を振り返ってもさまざまな出来事がありました。そして今この瞬間にも世界はすごいスピードで変化しています。予想外のことが次々と起こり、そもそも未来に漠然とした不安がつきまとうのも無理はないかもしれません。将来の予測がなかなか立てられない、そんな時代のことを称して現代は「**VUCA（ブーカ）時代**」とも言われています。VUCAとは「Volatility：変動性」「Unce ｒｔａｉｎｔｙ：不確実性」「Ｃｏｍｐｌｅｘｉｔｙ：複雑性」「Ａｍｂｉｇｕｉｔｙ：曖昧性」の頭文字をとったもの。次に何が起こるかわからない不安定な現代は、まさにＶＵＣＡ時代という言葉が当てはまるでしょう。

最近ではＶＲ（仮想現実）、ＡＲ（拡張現実）といったＸＲ（クロスリアリティ）の分野が目覚ましく進化しています。その際、異なる空間にいる身体や物体、仮想現実がいかにうまく同期し合うかが重要になりますが、それを実現するには人間の体温や表情、脳の状態といったあらゆる部分の計測が必要です。つまり、そのための高精度なセンサーを開発するエンジニア、そしてソフトウェアを使いこなせるエンジニアが必要になるのです。また、リアルタイムで大量のデータを処理するための通信技術、装着感が限りなくなくなるデバイスの開発なども必要となり、世間一般で言われているような単なるＩＴエンジニア不足ではなく、ハードもソフトもふまえたＸＲエンジニアの不足が懸念されています。

人類が進化し続ける限り、エンジニアは必要です。ＩＴが進化しても、それを活用するためにはハードウェアも必要です。これはＶＵＣＡ時代でも変わることはないでしょう。

しかしながら、やはりこれほど急激にテクノロジーが進化すると人は、「新しい分野に踏み込む恐怖」や「先行きが見えない不安」を抱くものです。たとえばＣｈａｔＧＰＴがリリースされたときは、「こんなＡＩが世の中に普及していったら、自分の仕事がなくなってしまうのではないか……」と不安を抱いた方が大勢いたことでしょう。

人は恐怖や不安を抱くと、どうしても内向きになってしまい前に進みづらくなります。そこで助けとなるのがリスキリングです。現状、そして未来の進化まで俯瞰して、今学ぶべき技術や知識を身に付けるのです。

「次に発展していく技術は何だろう」
「その先に求められるスキルは？」
「自分の経験や知識をもっと磨いたら、新しい技術につながるのではないか？」

そんなふうに未来を前向きに想像する癖をつけてほしいと思います。そうすればきっといつもの仕事も勉強もワクワクしてくると思います。私はそれこそエンジニアという職業の醍醐味だと思っています。

詳しくは後述していますが、テクノプロ・デザイン社にはそうして今や未来を楽しみながら活躍しているシニア世代のエンジニアが大勢います。

たとえば、電源回路や充電系といった電気電子の技術は、機械や情報分野と比べてイメージがわきにくい面があり、「つまらない」と避けられがちな面があったことも事実で、積極的に学ぶエンジニアは多くありませんでした（学生やテクノプロ・デザイン社のエンジニアに聞きましたので、お気を悪くされる方がいたらすみません）。しかし、今やそうした技術がさまざまな場所で求められ、若い頃にコツコツと身に付けて今も学びを止めないシニアエンジニアは引く手あまたな状態です。

先のことや自分の限界を決めつけて悲観する。それは、いつでもできます。そうではなく、もっと未来や自分の可能性に期待して楽しむことから行動を始めてみていただければと思います。

「何がしたいか」次第で、新しい仕事が生まれる

大変ありがたいことにテクノプロ・デザイン社には、新卒者、未経験の転職者、シニアの方などを含む年間3万人を超える方々から採用選考のエントリーがあります。その中で年間約1，000の方を採用させていただくのですが、面接で必ずみなさんに伺うのが以下の2つのことです。

- **当社でどんなことを実現したいか**
- **当社でどんな技術を身に付けたいか**

すると、若い世代の方は、まだ将来のビジョンがハッキリと見えていないこともあるのでしょう。比較的、前者より後者のほうを言及される方が多い印象です。

その一方で、特に50代以降の応募者の方からは、前者の質問について「昔はこんなことをやりたいと思っていたのですが……」という声がとてもよく聞かれます。

若い頃は、任せられた仕事に一生懸命取り組み、年齢と経験値を重ねてきた。そして、やっと自分のやりたいことにチャレンジできると思ったら、今度はＰＭなどプロジェクトを取り仕切るポジションを任されることが多くなり、結局自分の思いを形にする機会を逃してしまう。そんな方も多いようです。

またせっかく良いアイデアや技術を持ち合わせていても、そもそも会社の方針と合わなければ実現は難しいでしょう。

そうやって自分の中だけであたためていた「**これをやりたい**」という思いを、面接ではは存分にお話しいただきます。すると周りにもご本人にも変化が起こるのです。

会社側の変化としては、応募者の方の技術や過去の経験、そして思いを聞くことで、新たな可能性やアイデアを見出すことができます。エンジニアリーダーや事業責任者も面接同席すると、そういった傾向がよくみられます。

ご本人の変化としては、自身の希望を認識すると同時に、他者からのフィードバックを受けて今まで思いもしなかったアイデアが浮かぶことがあります。誰かに話すことであらためて自分のやりたいことが明確になるのでしょう。「**これがやりたい！**」と目を輝かせて話される、そんな瞬間をこれまで何度も目撃してきました。

これまで自分がいた場所とは違った環境で自分のやりたかったことを話し、互いに意見交換し、率直にフィードバックしあうからこそ、新しいアイデアが生まれるのです。

実際、テクノプロ・デザイン社が初めて製造業のお客さま向けに開発したノーコードのＡＩ開発プロダクト『ML Factory』は、50代のエンジニアが面接時に話してくれた「やりたい」という思いによって誕生した製品でした。

これまでのキャリアは製造業一筋だった彼は、その後ＡＩやデータサイエンスに携わるエンジニアへとチェンジ。そこで知見や豊富な経験を積み、社内のＤＸを牽引。社内変革を起こした経験も持つほど実力者であるそのエンジニアが、転職先で選んだのがテクノプロ・デザイン社だったのです。入社面接のとき彼は、こんな希望を話してくれました。

「これからは自分が勤める会社だけでなく、製造業全般に自分の知見を還元したい」
前職はメーカー系の企業とは関わりがなかったため、こうした自分の思いを叶えることができず、国内で８００社以上の製造業のお客さまとビジネスをしているテクノプロ・デザイン社に応募したといいます。さらに彼は「これからは、性能予測・要因分析や最適化、異常検知、画像解析など、製造現場ではさまざまなＡＩを活用すべきシーンがいくつもあるはず。しかし、製造業で働く管理職や現場の方々の中には、ソフトウェアやデータの活用が得意でない方も一定数いらっしゃる。そういった方々でも使えるＡＩツールを開発してみたいんです」と具体的な提案までしてくれました。そう話す彼はやる気にあふれた目をしていたのです。

実はテクノプロ・デザイン社も、以前から同じような構想を持っていました。しかも製造業のお客さまとの開発実績は十分にありますし、データサイエンティストのチームもある。つまりプロジェクトを立ち上げようと思えばできたわけですが、実際に動き出すことはなかったのです。

そこに彼のような熱意を持った50代エンジニアとの出会いがあり「製造業のために、ものづくりをしたい」という思いが合致。プロジェクトは一気に進行しました。そしてついにＡＩツール『ML Factory』の開発を実現することができたのです。

彼の思いがなかったら、この製品は実現しなかったでしょう。だからみなさんにもお伝えしたいのです。

未来をポジティブに考えられるようになったら、次のステップは「**自分は何がやりたいか？**」を考えてみてください。そして、ぜひその答えをいろいろな人と共有すること。そうすれば、未来はさらにひらけていくのですから。

サステナブルエンジニアなら「80歳」まで生涯現役！

前項でお話しした50代のエンジニアのように、テクノプロ・デザイン社ではたくさんのシニアエンジニアが活躍しています。２０２４年6月時点で、**60歳以上のエンジニア**

は400名以上在籍。55歳以上だと2022年のデータで、1,158名在籍しています。これは全エンジニア8,064名の14.3%にあたります。

しかし、昔からシニアの方が多かったわけではありません。2010年は、全エンジニア4,727名のうち55歳以上は72名しかいませんでした。つまり、**約10年で55歳以上のエンジニアが16倍以上に増えている**のです。

これは、経験や知識を積み、リスキリングなどで学びを止めず、生涯現役で活躍できる「**サステナブルエンジニア**」が育成されていること、また会社のビジョンに共感し、そのようなエンジニアが集まってきてくれていることの表れだと、大変うれしく感じています。

これだけのシニアエンジニアが在籍していることに驚かれたかもしれませんが、もっとびっくりする話をさせてください。

テクノプロ・デザイン社は、お客さまである企業にエンジニアリングサービスを提供することで、対価として報酬をいただいています。この報酬の単価を、60歳以上のエンジニアと60歳以下のエンジニアで比較してみたところ、なんと60歳以上のエンジニアの単価のほうが後者に比べ、**20%増**になっていることがわかりました。つまり、それだけの評価をお客さまからいただいている優秀なエンジニアばかりなのです。

そのようなシニアエンジニアが一体どういった仕事で活躍しているのか、気になる方もいらっしゃるでしょう。

その一例をご紹介すると、

・工場の生産現場のシステムを連携して可視化するプロジェクト
・EV・ハイブリッド自動車・電気自動車向けのエンジンの制御システムの開発の仕事
・医療機器メーカーの認証用の検査キットの開発
・CTスキャンの新規機能の開発

など、いずれも最先端の技術を扱うプロジェクトの現場ばかり。またこのようなエンジニアたちは皆「**70歳までは働きたい！**」と口をそろえていいます。テクノプロ・デザイン社としても、彼らのような優秀なエンジニアには、体力が許す限り70歳といわず80歳、それ以上に働き続けてほしいと考えています。

このような80歳まで現役を目指すことができる「サステナブルエンジニア」たちには、2つの共通点があります。

1つは、**1ヶ所にとどまらず複数の分野で経験を積んでいること**です。あるシニアエンジニアの経歴を例にすると、パソコン、車載ラジオ、複合機、スマートフォン、自動車、電動自転車、自動運転……など、実にさまざまな開発経験を持っています。

そしてもう1つは、**コミュニケーションスキルに長けている、ということ**です。シニアになっても現役で働く場合、「同僚やPLなどが自分より若手」というシチュエーションになりがちです。このような状況に戸惑ってしまう方、やりにくいと思ってしまう方も少なくないと思いますが、優秀なシニアエンジニアはどのようなメンバーとも上手にコミュニケーションを取って円滑にプロジェクトを進めています。

サステナブルエンジニアとなって、いつまでも市場に求められる人材となるためには技術力に加え、**コミュニケーションスキル**が重要な鍵となることをぜひ覚えておいてください。

それでは次項からは、そんなサステナブルエンジニアとしてテクノプロ・デザイン社で大活躍しているシニアの方々の実例をご紹介します。

常に現場で使われる最新情報を求めて入社した「自動車制御システム設計者」(60代)

現在、自動車制御システム設計者として働くPさんは、前職で通信事業者、外資系通信機器ベンダーで2G~5G移動体通信システムの開発エンジニアを経た後、PMを長年担当していました。顧客のコアネットワークから無線基地局までワンストップでのシステム構築やビジネス支援のため、プロジェクトを統括。

そして定年退職を意識する年代になってから、自動車業界へ転身し、ADAS、自動運転、車載通信、セキュリティなどソフトウェア研究開発業務に従事しました。そこで

Pさんは、それまで携わっていた移動体通信業界以外の業界について、自分には情報や知識が不足していると痛感したといいます。

「足りない知識を補うために、他の仕事に飛び込みたい」

Pさんがそう考えていた折に、テクノプロ・デザイン社はソフトウェアの研究開発やマネジメントに関する経験者を募集していました。しかも、Pさんが前職で関わった車載系の仕事です。そこで某大手転職エージェントを経由してPさんは会社説明会に参加。面接を経てテクノプロ・デザイン社とご縁がつながりました。

入社後は自動車関連のソフトウェア開発、重機・建機・マテリアル搬送機器のモデルベース開発、要求分析・要件定義、管理業務の一環としてISMSや品質管理、プロジェクト管理など幅広く担当。現在も第一線で活躍しています。

Pさんに、市場価値が高いエンジニアになるにはどうすればいいのかお聞きすると、このような答えが返ってきました。

「IT分野は技術革新のスピードが速く、新しい技術だけではなく従来の技術との組み合わせができる人材が求められています。たとえば、いまやクラウドが主流でオンプレミスは古いといわれます。しかし、オンプレミスからクラウドへの移行はニーズがあり、オンプレミスとクラウドの両方の知識が必要です。異なる点と点を結びつけられる能力と経験が重要で、他の領域に比較すると年齢は必ずしもハンディキャップにはなりません」

今後は自動車関連だけではなく、サイバーフィジカルシステム（ＣＰＳ）やメタバース、５Ｇ／６ＧやＩｏＴ関連の新しいシステムの提案・モデルベース開発などにも挑戦したいと、Ｐさんは目を輝かせながら話してくれました。

※ＣＰＳとは、現実世界（フィジカル空間）でのセンサーネットワークが生みだす膨大な観測データなどの情報について、サイバー空間の強力なコンピューティング能力と結びつけ数値化し定量的に分析し、現実世界へフィードバックしてさまざまなものを最適化するための仕組みです。

一度身に付けた知識や技術は腐ることはありません。昔使用していた技術も、**最新の**

技術と組み合わせることで新しい技術に生まれ変わる可能性は十分あるのです。

Pさんのように従来のスキルを生かしながら、さらに新たな分野のリスキリングを継続的に行うことができるエンジニアは、これから先も着々と市場価値を上げていけるのではないでしょうか。

「36年組み込みシステム開発一筋」から「自社ソリューションの企画者」に！（60代）

36年間、組み込みシステムの開発一筋にエンジニアとして働いてきたQさん。定年を迎えても「まだまだエンジニアとして活躍していきたい」という気持ちが強かったそうです。

Qさんは、長年システム開発やソフト開発に従事したことで、次のようなスキルを保有しています。

・ＩＳＯ２６２６２
・Ａｕｔｏｍｏｔｉｖｅ　ＳＰＩＣＥ
・ＳＰＬＥ
・仮想ＥＣＵ開発環境
・システムズエンジニアリング
・プロジェクトマネジメント（ＰＭＢＯＫ）など

仕事でこのようなスキルを活用していることはもちろん、さらに、組み込みシステム分野の技術教育、人材育成をテーマにした「ＥＴロボコン（ＥＴソフトウェアデザインロボットコンテスト）」のコミュニティで若手の人財育成、社内教育にも貢献しています。

そんなＱさんは「ＥＴロボコン」の教育の仕組みを活用し、簡易モデルでバーチャルとリアルを融合する開発を経験した上で、１／10スケールのラジコンを使った「ＣＰＳ（サイバーフィジカルシステム：Ｃｙｂｅｒ－Ｐｈｙｓｉｃａｌ　Ｓｙｓｔｅｍ））の適用によって、自動バレーパーキング（自動運転の技術を活用した無人駐車サービス）を実現できると考えました。しかもそれを「自社のソリューション化まで持っていきたい」と言います。「成果物が実務と教育システムの両方に使用できる」と現在では考えているそうです。

そんなQさんが今課題に感じているのは「**変化の激しい現代において、どうすれば短時間で効率的な成果を出す開発ができるか**」ということです。今後はその課題を解決するために、得てきた技術をベースに、モビリティの世界でCPSやメタバースなどの技術を応用したソリューションを提供したいと言います。また社内教育や「ETロボコン」のような社外教育についても、継続的に関わっていきたいと考えていらっしゃいます。

最後に、若い世代のエンジニアに対してこれから身に付けるべきものは？　と質問をしたところ「プロジェクトを進めるにあたって〝プロジェクトマネジメント・プロセス〟と〝プロダクト指向プロセス〟の2つが重要であることを理解してほしい」とメッセージをいただきました。Qさんはこれまでの経験を通して、これらが重要であると痛感したそうです。

Qさんは、ベテランとして組み込みシステムの開発、研究会やコミュニティ活動で長年培ってきたノウハウと人脈を若手エンジニアに還元したい、という思いを強く持つ一方で、**新しい技術に対する好奇心と欲求は若い頃と変わらず今でも持ち合わせている**といいます。単なる〝ご意見番〟ではなく、プレーヤーとしてどのようなプロセスで新技術を取り入れるのか積極的に示していきたいという意欲にあふれています。そしてそんなQさんの熱い思いに、周りの同僚や部下たちもまた、多くの刺激を受けているのです。

研究所設計者から研究所長は教育プログラム設計で大活躍（60代）

学生時代、機械工学専攻だったRさんは、将来は機械・電気電子・ソフトウェア3分野の技術により、総合的に成り立つ新規技術開発とその技術を使用した製品が重要になってくると考え、電子機器メーカーに入社しました。

研究所に配属され、構想設計、メカ開発、回路開発、専用ＩＣ開発など新規技術開発の設計を担当。その後、技術研究所所長として、研究所運営・新規事業推進と関連技術開発・対外技術折衝業務に携わり、規格団体の議長なども務めました。

電子機器開発・設計・製造、音響機器設備設計施工など、メーカーの関連会社の代表取締役社長として事業経営に携わった後は、他社メーカーの依頼を受け、新研究所の立ち上げにも携わりました。

さまざまな業務に携わる中でＲさんは、エンジニアの指導・教育や対外技術講演などの経験を積んだことがターニングポイントとなり、テクノプロ・デザイン社でお客さま（製造業）エンジニアの教育に関わる仕事のチャンスに恵まれました。

現在は、業務が細分化される中、ものづくりの全工程を理解したリーダーとして製品化を行うエンジニアの育成・教育に携わっています。

技術者としてのスキルはもちろんのこと、マネジメントスキルも経験から学び、確実にステップアップをしてきたＲさん。今後若手エンジニアに必要なことについてアドバイスをお聞きすると「**担当技術に自信を持つこと、その自信のもとに開発・設計を進められること**」だと返ってきました。

エンジニアには世の中を改善していく役割があります。業界内外の技術動向を自身の技術と照らし合わせながら、「新たな商品カテゴリー」「新たな利便性」を生み出すことに目を向ける。それがエンジニアには大切なことだと、Rさんは話してくれました。

さらに「〝ITエンジニア35歳定年説〟がささやかれていますが、一方で〝エンジニアに定年はない〟ということも言われます。**自分がエンジニアとして生涯現役で続けたいのか**。それによって将来が変わってくるのではないでしょうか」といいます。

まさにRさんのおっしゃる通りで、エンジニアは、経験・実績・年齢・体調・環境などに照らし合わせ、さまざまな役割を担うことが可能です。つまりエンジニアは、どのような役割に就いていても、エンジニアとしての使命を感じている限り、継続的に世の中へ貢献できますし、やりがいも得られる、ということなのです。

重要なのは、「**自分がどんなキャリアを積みたいのか**」「**何を実現したいのか、そのために何を勉強するのか**」といった自分の思いや行動なのだとRさんはいいます。

そんなRさんの描く将来のキャリアプランは、業界問わず、あらゆるエンジニアの成長支援を行うことで、自社のソリューション事業拡大に貢献すること。さらに、教育関係業務を通じ、顧客の要望をヒアリングし、課題解決可能な技術コンサルティング業務の拡大を図ることだといいます。

常に世の中を俯瞰し、自己実現と社会貢献を一致させてきたRさんの生き方は、若手エンジニアの道しるべになることでしょう。

「全体を俯瞰し、課題解決を目指す製造機械」を開発するソフトウェア出身エンジニア（60代）

Sさんは、組み込みシステムの制御仕様とりまとめ、プロジェクト推進・管理、ハードウェア設計・評価、ソフトウェア設計・評価などエンジニアとしてさまざまな業務を経験した後、プロセス管理、設計成果物管理、監査などメカ設計を含むシステム全体の設計品質管理に従事されていました。

その際に気づいたのは、営業部門・設計部門・製造部門・品質保証部門など部門ごとに情報管理方法が違っており、情報共有されていないこと。同じ情報をそれぞれの部門でバラバラに管理されていたため、最新版が一元管理できていなかったのです。その結果、システム設計者と機能設計者との間で、仕様書や図面の受け渡しについて、次の2つの課題に気づきました。

・進捗状況の共有が相互に理解できていないため、設計変更や日程変更などの情報が正確に伝わらない
・成果物を確認・監査する際、成果物の不具合による手戻りが発生してスケジュール通りに進行しない

そこで、Sさんはクラウドサービスを利用した「情報の一元管理」が重要であると考えました。一元管理できれば、各部門や各作業者の作業内容、成果物をワンストップで確認することができます。手間と時間を削減できるだけではなく、ミスや手戻りも減らせると考えました。また、AIなどによる情報の自動化や共有によって、情報伝達のミ

スもなくすことができる。このようなDX推進について先見の明があったSさんでしたが、残念ながら前職ではそんなSさんの能力を生かすことはできませんでした。そこで定年を目前に控え、Sさんは転職を考えるようになり、テクノプロ・デザイン社とご縁がつながったのです。

現在は主に自動車業界向けのソリューション事業を展開するモビリティーソリューションセンターの名古屋事業所で受託開発のプロジェクトリーダーを務めながら、前職でできなかった業務効率化や品質向上に向けた仕組みづくり、また次のような業務を「社会課題解決に向けた自分の使命」ととらえ、目下業務に取り組んでいます。

・過疎地や高齢者居住地域の交通手段確保に向け、公共交通・運送業・ライドシェアなどを融合したサブスク型サービスの構築
・ゼロエミッションに向けたエネルギー課題解決に関する業務
・車載カメラ・市中の監視カメラ、スマホカメラとAIを活用した、社会インフラ（道路や信号機や電線など）のメンテナンスサポート

・人が点検しなくても状況をビッグデータとして解析しアラートを発信する仕組み

前職ではチャンスに恵まれなかったSさん。しかしその熱意を失うことはありませんでした。どうしたらSさんのように、常に課題解決意識を持ち、バイタリティにあふれるエンジニアになれるのでしょうか。単刀直入に聞いてみたところ、このようなポイントを挙げられました。

・言われたことをやるだけではなく、本質的に何が必要かを見極めて行動・提案する
・業務をこなすだけではなく、業務の目的を理解して取り組む
・経験による知見を生かした気付きを周囲と共有する
・経験がない分野や業務でも躊躇することなく取り組み、不足する知識はリスキリングでカバーする
・専門知識を他分野でも応用できるように常に考える

なるほど確かにすべて重要なことだと私は感じました。さらにSさんは「私のように

なにか実現したい取り組みがあっても、残念ながら職場環境によって難しかったり、身に付けた知見を活かせなかったりすることがあると思います。そのような場合は、思い切って転職し職場を変えるのもひとつの方法だと思います」とも話してくれました。一歩踏み出すのは簡単ではありませんが、その一歩であなたの未来が大きく変わるかもしれない。いわばその「予感」や「勇気」もまた、自身を成長させるひとつのきっかけになるのではないでしょうか。

たたき上げのエンジニアが「時代の先読み」ができる理由

「未来は誰にも予測できない」

「5年後のことはおろか1年後のこともわからない」

社会の不確実性について、冒頭でお伝えしました。しかし、これまでご紹介してきた優秀なシニアエンジニアを見ていると、まるで未来を予見していたかのように、見事に時代の変化にマッチしながら60歳を過ぎてもなお大活躍しています。

それはなぜなのでしょうか。

そうしたエンジニアたちには、3つの大きな特徴があると私は思っています。

1つ目は、**常に動いている**ことです。長く活躍しているエンジニアを見ると、1つの業界にずっと止まっている人はあまりいません。複数の業界を渡り歩き、新しいチャレンジを重ねながら横断的に仕事をしてきた人ばかりです。だからこそ、幅広い経験や知見を得ることができ、さらにはさまざまな人と関わることでコミュニケーション力も磨かれていくのだと思います。

2つ目は、**トレンドに敏感である**ことです。今、世の中には多くの情報が溢れ、将来の技術予測や市場規模予測などは、調べればいくらでもリサーチできます。優秀なエンジニアたちは、そうしたトレンドの中心に自分を置き、そのとき必要だと思う技術を選び取って学んでいます。それが習慣化しているので、新しいチャレンジも恐れることなく、むしろ楽しみながら取り組めるのです。すると、時代のニーズに応えられるエンジニアとして常に求められる人材となる。まさに好循環が生まれるわけです。

3つ目は、**自分のやりたいことが明確である**ことです。

「将来、こういう技術に携わりたい」

「世の中をもっと便利にするために、こういうものを作りたい」

そんなふうに自分の希望が明確なエンジニアは、「やりたい！」を軸にして動くことができますし、トレンドを見ることができます。それはまさに、時代の流れに置いていかれることなく、VUCA時代を生き抜いて生涯現役で活躍できるサステナブルエンジニアと言えるでしょう。

若いうちは、ご自身のキャリアプランややりたいことが見つからずに悩むこともあると思います。それも決して無駄な時間ではないのです。ただ、求められ続けるエンジニアになるために、目先の仕事だけではなく10年後、20年後を見据えて自分はどうなりたいのか、何がしたいのかは、常に頭の隅に置いていていただければと思います。

その意識を持ちながら、経験と行動、学びを積み重ねていくことによって、おのずと目指すべき未来は見えてくるはずです。「**走りながら、そのときに必要なモノを選び取っていく**」。きっと本書を読んでいるみなさんなら、それができると期待しています。

第6章まとめ

㉘現代は、何が起きるのか予想できない「ＶＵＣＡ時代」。

㉙ＶＵＣＡ時代においても、未来志向のエンジニアは楽しみながら学び、成長している。

㉚優秀なエンジニアは、「自分は何がしたいのか」という気持ちを仕事につなげている。

㉛エンジニアの中には80歳で現役の人もおり、彼らは仕事への積極性や学びへの意欲、さらには未来に向けて「何をするべきか」「何ができるか」という発想を持っている。

㉜いくつになっても学びと成長を続けている人こそ、生涯現役の「サステナブルエンジニア」と言える。

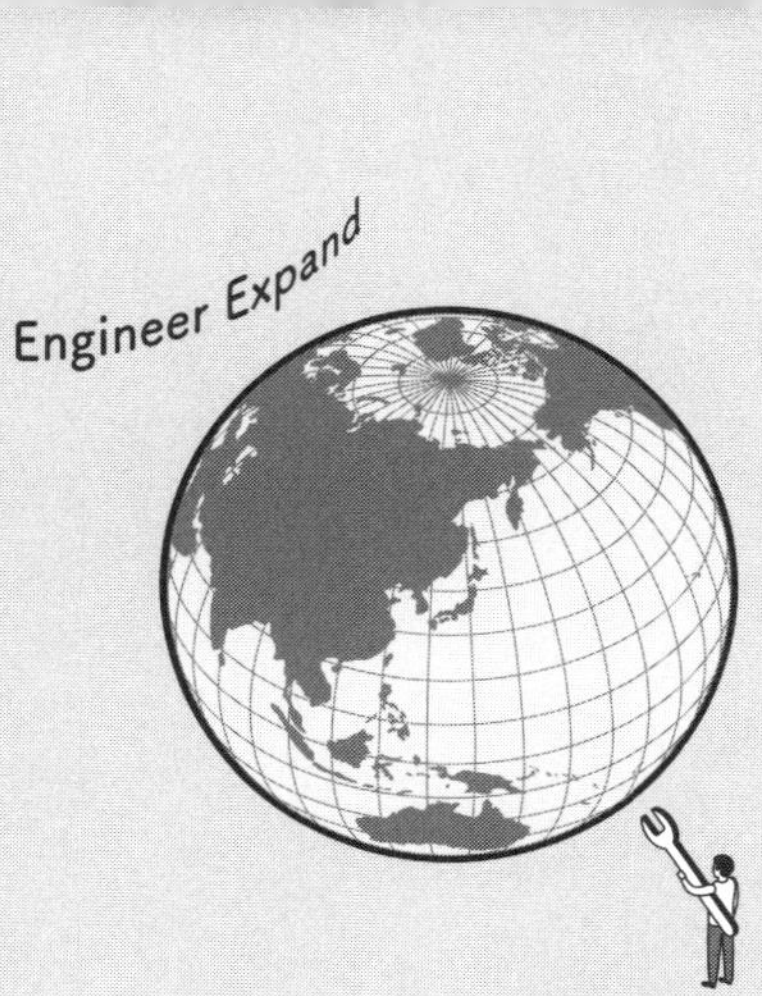

第7章

日本は「Engineer Expand（技術者の技能拡張）」で「世界に羽ばたく国」になる

「業界の変化」に気づいていますか？

言うまでもないことですが、テクノロジーの進化は日進月歩で進んでいます。例えばDXに関して、日本ではほんの少し前まで「AIなどを積極的に取り入れ、システムを連動させて、DX化を図りましょう」と言われていました。しかし今や、さまざまなツールやシステムが開発・導入され、あらゆる場面においてAIの活用は〝当たり前〟となっています。

深刻化していく少子高齢化、人材不足、不安定な世界情勢……そうした社会の変化も影響して、社会課題や市場のニーズも刻々と変わっていきますから、それを追うように、もしくは追い越すかのようにテクノロジーの進化のスピードはますます加速の一途をたどることでしょう。

経済活動別ＧＤＰの構成比（名目）　（%）

	平成17暦年 2005	18暦年 2006	19暦年 2007	20暦年 2008	21暦年 2009	22暦年 2010	23暦年 2011	24暦年 2012	25暦年 2013	26暦年 2014	27暦年 2015	28暦年 2016	29暦年 2017	30暦年 2018	令和元暦年 2019	2暦年 2020	3暦年 2021
１．農林水産業	1.1	1.1	1.1	1.1	1.1	1.1	1.1	1.1	1.1	1.0	1.0	1.1	1.1	1.0	1.0	1.0	1.0
２．鉱業	0.1	0.1	0.1	0.1	0.1	0.1	0.1	0.1	0.1	0.1	0.1	0.1	0.1	0.1	0.1	0.1	0.1
３．製造業	21.3	21.4	21.8	21.3	19.0	20.8	19.6	19.8	19.5	19.8	20.6	20.4	20.5	20.7	20.3	20.1	20.6
４．電気・ガス・水道・廃棄物処理業	3.0	2.8	2.6	2.5	3.0	2.9	2.4	2.2	2.3	2.6	2.9	2.9	2.9	2.9	3.1	3.2	2.8
５．建設業	5.4	5.4	5.0	4.9	5.0	4.6	4.8	4.7	5.0	5.1	5.2	5.4	5.5	5.4	5.5	5.7	5.5
６．卸売・小売業	14.1	13.5	13.1	13.6	13.3	13.4	13.9	14.1	14.1	13.5	13.1	13.0	13.1	12.8	12.5	12.8	13.7
７．運輸・郵便業	5.1	5.2	5.4	5.3	5.1	5.1	5.1	5.3	5.2	5.4	5.3	5.3	5.3	5.3	5.4	4.2	4.1
８．宿泊・飲食サービス業	2.7	2.7	2.7	2.6	2.7	2.6	2.5	2.4	2.5	2.5	2.4	2.6	2.6	2.6	2.5	1.7	1.4
９．情報通信業	5.0	5.0	5.0	5.1	5.2	5.0	5.0	5.0	5.0	5.0	5.0	5.0	4.9	4.9	4.9	5.1	5.1
１０．金融・保険業	6.0	5.9	5.8	5.0	5.0	4.8	4.7	4.5	4.6	4.4	4.3	4.1	4.1	4.1	4.1	4.2	4.3
１１．不動産業	11.0	11.3	11.3	11.7	12.5	12.3	12.6	12.6	12.5	12.4	12.1	12.0	11.9	11.8	11.8	12.3	12.0
１２．専門・科学技術、業務支援サービス業	6.1	6.5	6.9	7.5	7.5	7.2	7.6	7.5	7.7	7.8	7.9	8.1	8.0	8.1	8.4	8.8	8.8
１３．公務	5.0	5.0	5.0	5.1	5.3	5.1	5.3	5.2	5.0	5.0	4.9	4.9	4.9	5.0	5.0	5.2	5.2
１４．教育	3.6	3.6	3.6	3.6	3.8	3.7	3.8	3.8	3.6	3.6	3.5	3.5	3.5	3.5	3.5	3.6	3.5
１５．保健衛生・社会事業	5.7	5.7	5.8	5.9	6.6	6.7	6.9	7.3	7.4	7.3	7.5	7.7	7.6	7.7	7.9	8.2	8.3
１６．その他のサービス	4.9	4.9	4.8	4.8	4.8	4.6	4.6	4.6	4.5	4.4	4.2	4.1	4.1	4.0	4.1	3.8	3.8
合計	100.0	100.0	100.0	100.0	100.0	100.0	100.0	100.0	100.0	100.0	100.0	100.0	100.0	100.0	100.0	100.0	100.0
第１次産業（農林水産業）	1.1	1.1	1.1	1.1	1.1	1.1	1.1	1.1	1.1	1.0	1.0	1.1	1.1	1.0	1.0	1.0	1.0
第２次産業（鉱業、製造業、建設業）	26.8	26.8	26.9	26.2	24.1	25.5	24.5	24.6	24.5	25.0	25.9	25.8	26.1	26.2	25.9	25.9	26.1
第３次産業（その他）	72.1	72.1	72.0	72.7	74.8	73.4	74.4	74.3	74.4	74.0	73.1	73.0	72.8	72.7	73.1	73.1	72.9
市場生産者	88.9	88.8	88.9	88.7	88.3	88.7	88.4	88.5	88.8	88.7	88.9	89.0	89.0	89.0	88.8	88.3	88.4
一般政府	9.1	9.1	9.0	9.2	9.6	9.2	9.4	9.2	9.0	9.1	8.8	8.8	8.7	8.7	8.8	9.1	9.0
対家計民間非営利団体	2.0	2.1	2.0	2.0	2.1	2.1	2.2	2.3	2.2	2.2	2.2	2.3	2.3	2.3	2.4	2.6	2.5

（注１）各経済活動には市場生産者のほか、一般政府、対家計民間非営利団体からなる非市場生産者を含む。
（注２）上記は、経済活動別付加価値の合計（国内総生産（ＧＤＰ）とは異なる）に対する構成比。
（注３）不動産業の生産額には、持ち家の帰属家賃（持ち家を賃貸と同様のサービス生産と考えること）を含む。

出典：内閣府「国民経済計算（GDP統計）2023年4-6月期・2次速報」

これはつまり、世の中のニーズを受けてさまざまな商品やサービスを生み出す業界自体もまた、わずか数カ月の単位で激変し続けていることを意味します。テクノロジーの進化や市場の変化は、各業界の規模や立ち位置といったことをも大きく変えてしまうのです。

例えば、「10年前は需要が多かったにも関わらず、現在は伸び悩んでいる」という業界は決して少なくありません。日本の産業別GDP（2021年）を見ても、16に分類された産業のうち、上昇傾向にあるのは、「製造業」「専門・科学技術、業務支援サービス業」「情報通信業」「金融・保険業」「不動産業」「公務」「保健衛生・社会事業」のわずか7産業のみ。つまり今はそれほど影響が出ていなくても、今後縮小していく業界は当然あるということです。

ご存知の通り、IT≒情報通信業は拡大傾向にあります。総務省『総務省令和5年版情報通信白書ICT市場規模（soumu.go.jp）』の報告を見てみると、例えば世界のICT市場は2005年から2024年にかけて概ね右肩上がりです。しかしもう少し分解すると、2007年から2012年は右肩下がり。しかし、2013年には反転し、このまま成長するかと思えば2020年までは横ばいで成長していません。その後2021年に再び急激な右肩上がりになっています。これにはいい意味でも悪い意味でもCOVID-19の影響があります。もしCOVID-19がなければ、今の成長までに至ってないかもしれません。こういった社会全体を大きく変化させる出来事が当然ながら産業界に大きな影響を与えます。一方で成長しながらも大胆な組織構造の変革も伴っています。GAFAMといわれる世間を席巻しているBIG5は、常に雇用も生み出しますが、同時に多くの解雇も行います。

在宅勤務をしていたら急に「あなたの仕事は明日でなくなります」というメールが来ます。それを受け入れて辞めるか、他の業務に移るかの二択をすぐに迫られてしまうのです。

当然、日本とは雇用に関する考え方も法律も違いますが、見込みがないテクノロジーやプロダクトだと判断すると、ズバッとそぎ落としていく世界です。それまでは年収数千万のエンジニアであっても容赦はありません。

日本でも産業界で終身雇用について限界が明言され、政府は人材の流動化を促し、JOB型採用という言葉、そして本書でもたびたび取り上げたリスキリングという言葉がメディアにあふれています。

そうなればまず間違いなく、今後エンジニアに求められるスキルレベルはより高く、そして幅も広くなっていくでしょう。難易度の高いプログラミング言語を扱える、セキュリティの知識に長けている、特定の業界に特化した専門知識、外国語でコミュニケーションできる……など、一般的なエンジニアスキルに**【プラスアルファで得意分野を持つこと】【業界やプロダクトが変わっても、すぐにキャッチアップできる対応力】**が、他のエンジニアとの差別化につながっていきます。

今まで述べてきたような大局的な変化は、実は私たちにとって大きな影響を与えてい

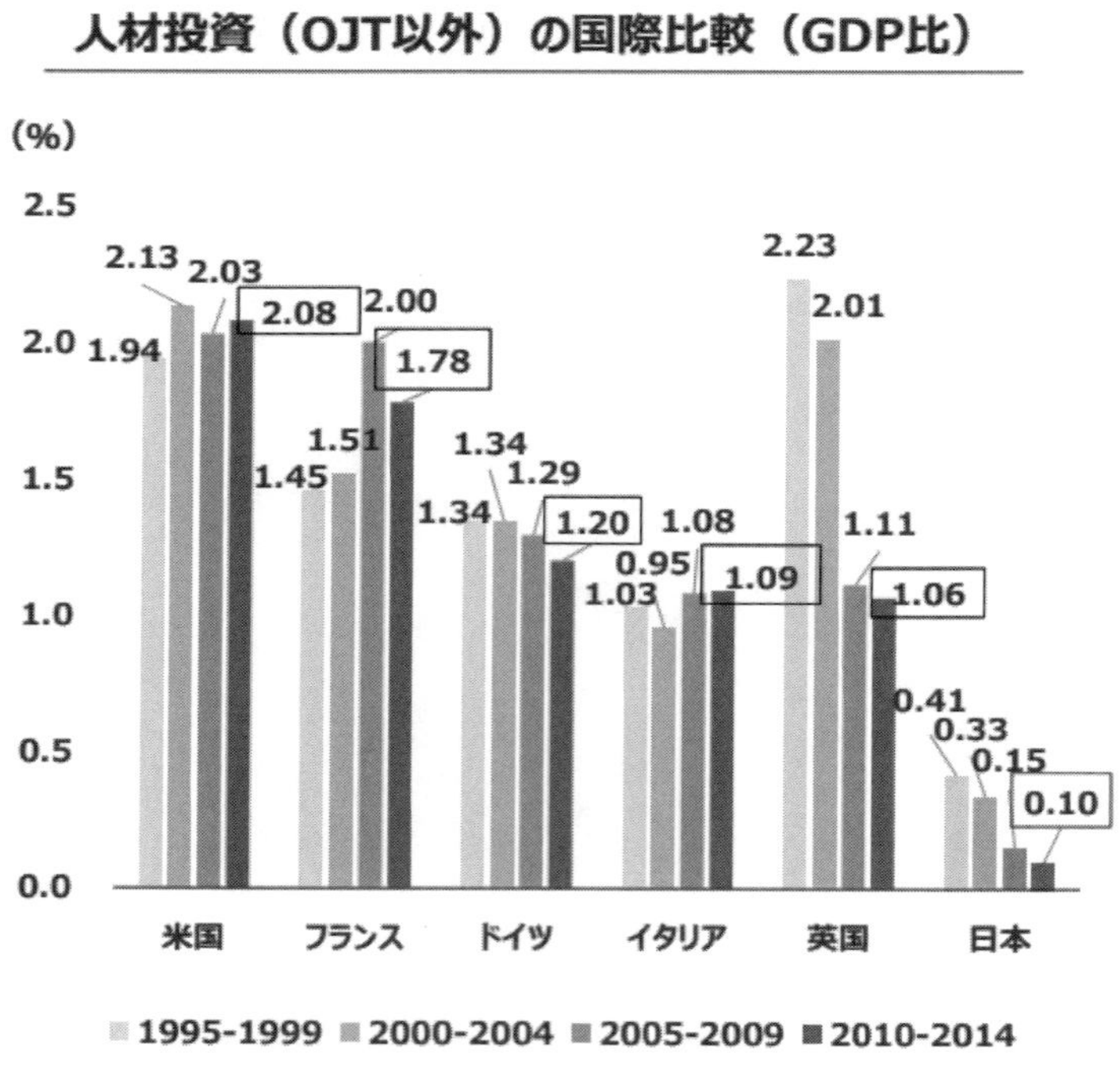

（出所）学習院大学宮川努教授による推計（厚生労働省「平成30年版　労働経済の分析」に掲載）を基に経済産業省が作成。

出典：経済産業省　令和４年「未来ビジョン」
https://www.meti.go.jp/shingikai/economy/mirai_jinzai/pdf/005_03_00.pdf

ます。しかし、日々の仕事をただこなすだけでは感じられないでしょう。そもそも自分が所属する業界が今どのような位置にいるのか、どんな変化が起こっているのか、それすら考える機会がないかもしれません。お伝えしたように半年もすればガラリと変わってしまう業界もあります。IT業界に関してはそれ以上の速度と言っても過言ではないのです。**こうした変化を自分自身で「追っかけていく」**その意識がとても重要です。「そうはいっても、最終的には会社が何とかしてくれるでしょう」と楽観的になるのも考えものです。

経済産業省が令和4年に発表した『未来人材ビジョン』の「人材投資の国際比較」によると日本の企業はアメリカ、フランスといった諸外国と比較し、人への投資が極端に少ないことが分かります。

人材教育にかけられるコストは企業の業績などによっても異なりますが、しかしながらこの調査からは、自ら動かず会社まかせにしていては、「知識やスキルはいつまでもアップデートされない」さらには「市場で求められる人材像からどんどん離れてしまうリスクがある」と読み取れます。3年後、みなさんの所属している業界が衰退し、キャリアチェンジせざるを得なくなる可能性もゼロではありません。そのとき果たして、あなたのキャリアの選択肢はどれだけあるでしょうか。

もちろん今後、企業側がリスキリングを含めた社員への教育投資に注力していくことは必須ですが、企業だけでなく社員一人ひとりも変化の激しい時代を生き抜くために、武器となるスキルを携えていくことが必要でしょう。

そのためには、今ご自身がいる業界、社会、市場、顧客……さまざまな変化に高いアンテナを張りながら、必要な知識や技術を習得し、ときには右肩上がりの業界へと渡り歩いていくことです。そうした学びの姿勢や行動力があるかないかで、今後のキャリア形成に大きく差がついてくるはずです。

変われない元凶は「いつもの仕事」が9割

前項では、業界や時代の潮流を乗りこなすには、企業に加えて個人も自ら学ぶべきとお伝えしました。しかし残念ながら日本は、企業が教育に投資しないだけではなく、個

社外学習・自己啓発を行っていない人の割合

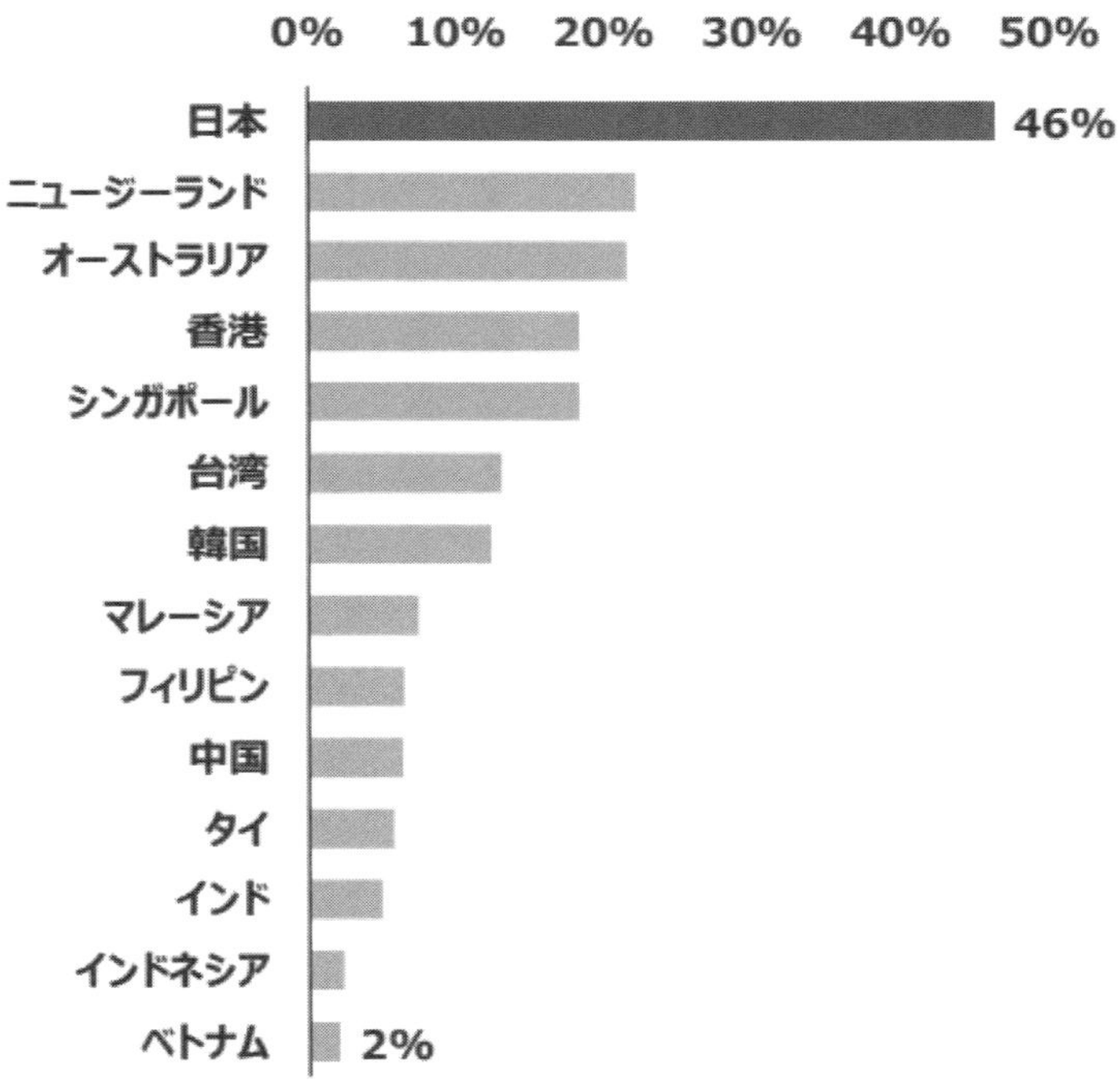

（出所）パーソル総合研究所「APAC就業実態・成長意識調査（2019年）」を基に経済産業省が作成。

出典：経済産業省　令和４年「未来人材ビジョン」
https://www.meti.go.jp/shingikai/economy/mirai_jinzai/pdf/005_03_00.pdf

人も社外学習や自己啓発を積極的にしない現状があります。前述の『未来人材ビジョン』によれば、日本の「社外学習・自己啓発を行っていない人の割合」は調査対象の14か国中で最も大きく、46％となんと約半数にのぼります。

これには、3つの理由があると考えます。

1つ目は、**日本には安定志向の強い人が多い**ことです。年功序列・終身雇用という日本型雇用制度は薄れつつあるものの、「安定性」は就活生が企業を選ぶ際に重視するポイントとなっています。さらに言えば、2002年は3番目、2006年は4番目まで下がりましたが、2020年からは「自分のやりたい仕事ができる」を抜いて、5年連続で「安定している会社」が企業選択のポイントの1位となっており、年々その傾向は強まっています。

安定志向が強いと、必要以上の変化を避けるようになります。「リスクを負うくらいなら、いつもの仕事をこなして現状維持する方がよい」などと考えがちで、新しいことにチャレンジしたり新たなスキルを身に付けたりする動機が生まれにくくなるのです。

また日本企業には、OJT制度が浸透していることもあり「仕事は教えてもらうもの」といった考えがいまだ根強くあります。あえて自ら学ばなくても、先輩や上司から教わることを覚えていれば最低限の業務はできる。それでも毎月給与はきちんと支払われるし、クビになることもない。そんな日本の現状も日本人を学びから遠ざけているのでしょう。

２つ目は、**日本人は外部との接点が少ない**ことです。たとえば２０２２年のパーソル研究所のレポートでは、フィリピン、インドネシア、マレーシア、ベトナム、インドは勤務先以外での自己研鑽に意欲的な傾向があります。一方、「とくに何も行っていない」割合は、全体平均で18．0％、日本は52．6％で最も高く、社外での自己研鑽意欲の低さが際立ちます。ちなみに２０１９年の同調査では46．3％でしたので、余計に気になるところです。

また日本では２０１８年から副業解禁が本格化したものの、実際、副業をする人は１割以下となっています。２０１９年の調査では副業・兼業をしている割合はタイで４割強。次いでフィリピンで３割、インドネシア、マレーシア、インド、ベトナムでも２割を超えるという結果となっています（ただし、これは１企業で就業した場合の所得額に影響されますので、単純に高ければ良いという問題ではないと思います）。

異なる会社、業界の人と交流したり、普段の業務とは違う仕事に携わったりすることは、自分が所属する会社や業界、本業を俯瞰するきっかけになります。そうした機会が少ない、もしくはまったくないのであれば、現状に課題や疑問を抱くことはないでしょうし、なおさら今の状態から変わりたいとは思わないでしょう。

3つ目は**情報量の多さの問題**です。これは日本だけの問題ではないと思います。世界中のたくさんの情報がいつでも気軽に入手できるようになり選択肢が増えた一方で、何が本当かわからない・多すぎて何を選択すればいいのかわからない・・・となり、結局何も選ばない、もしくはいつもと変わらない選択をするという現象も生まれます。テクノロジーの進化で、自分におススメが勝手に表示されますし、これを買った人は（もしくはあなたに似た人は）これも買っていますよ・・・とクロスセルの案内までが自動で来る。特に日本人は同調性が強いので、余計にツボにはまるのではないでしょうか。人は選択肢が多いほど、選択しなくなるし、思考停止になり勧められたものを選ぶ方が楽なので、そっちを選んでしまうといった心理学をしっかりとビジネスに取り入れているシリコンバレー企業には本当に恐れ入ります。私も居酒屋でメニューが多いと選べませんし、結局お決まりのものばかりつまんでしまいます。おすすめの情報や趣味嗜好の合う人、欲しい情報にしか触れない。急激にワールドワイドにオープンになった反面、思考や反応はクローズ化していく。これはある種、生物としての本能でもあるので仕方ない面もあると思います。

こうした理由から、**自ら学ぶこと、変わることを積極的にしない**という状況は、職種に関わらず日本の多くのビジネスパーソンに当てはまると思います。

しかし、中でも特にその傾向が出やすいのがエンジニアなのです。これには、エンジニアが関わる仕事の進め方も大きく影響していると考えています。

たとえば、システムやソフトウエアの開発現場でよく用いられるウォーターフォール（Waterfall）型開発モデルの場合、要件定義から設計、開発、テスト、製品リリースと、名前の通り上流工程から下流工程まで滝が流れるように進行されます。つまり初めからプロセスやエンジニアが行う開発内容はしっかりと決まっているのです。

一つひとつの工程をもれなく確実に完了し、ゴールへ向かっていく。進捗状況を把握しやすく安定した製品をつくるという意味では非常に優れた開発モデルですが、その反面、開発が始まると業務に柔軟性は求められません。「この部分は別の方法を試してみてはどうだろうか？」といったフレキシブルな発想は必要なく、決められた「いつもの仕事」をスケジュール通り着実にこなしていくことが求められます。エンジニアはそうした仕事を繰り返していくうちに、それこそが自分の使命だと感じるようになり、その殻を破って外に出て新しいことを学ぶ必要性を抱かなくなってしまいがちなのです。

（今は小・中規模の案件を中心に「アジャイル型」で開発されるようになってきていますし、「ウォーターフォール」「アジャイル」のハイブリッド型での開発も増えていますので、今後は都度ユーザーのフィードバックを受けながら開発することで柔軟性が身についてくると予想します）

しかし、それでは時代の変化についていけないこと、将来的に自分の市場価値が下がってしまうことはこれまでお伝えしてきた通りです。そのためエンジニアの方は、**他のどんな職種よりもキャリア相談などを積極的に受けて、自分自身や自分のキャリアを俯瞰する**機会を持ってほしいと私は思っています。

テクノプロ・デザイン社の場合、3章で紹介させていただいたVEM（バリューエンジニアマネージャー）がエンジニアのキャリア相談に日々対応しています。VEMの場合、エンジニアの知識や技術、働き方といった両面を理解しているため、エンジニアの心情に寄り添いながら、より的確なアドバイスをすることができるのです。

実際、明らかにオーバースキルのエンジニアに対し、VEMがキャリアアドバイスを行った事例がありました。エンジニア本人は、当時の職場の居心地が良いこともあって、キャリアチェンジは視野に入っていない様子。そこでVEMは本人と何度も面談を重ね、「今までの経験をベースにプラスアルファの知識を生かせるキャリアがある」ということを丁寧に説明し、結果こちらのエンジニアはキャリアチェンジを果たしました。

前述したように、エンジニアが現状から方向転換するのは容易ではありません。しかし根気強く対話を続けた結果、自身のスキルレベルに合ったキャリアチェンジの方向へ舵を切ることになったのです。

エンジニア本人は、「相談当初は半信半疑でしたが、実際に動いてみたら古い眼鏡から新しい眼鏡に変えたように見える景色も変わり、さらに自信もつきました。居心地の良さに甘んじてずっと前の仕事をやり続けていたら、何も変わらなかったのだろうな」と話しており、VEMに感謝していました。

「いつもの仕事」から離れるのは、勇気が要るものです。しかし、一歩踏み出せば一気に世界は変わります。ぜひ、みなさんもその一歩として、あなたを客観的に見て判断してくれる人にアドバイスを求めてみてください。

「顧客評価」で「己の可能性」を眠らせないために

「○○さんのおかげで今回のプロジェクトうまくいったよ」

「次のプロジェクトもよろしくね」

お客さまからいただくこのような良い評価、嬉しい言葉は「良いものが提供できてよかった」と報われますし、「よし、次の仕事も頑張ろう」とエンジニアのモチベーションを高めてくれます。

ですが、私たちは長年多くの人材と出会い、育成に携わってきた中でわかったことがありました。それは、必ずしも顧客評価がエンジニアの成長にはつながらない、むしろ可能性をつぶしてしまう恐れすらあるということです。

いったいどういうことなのでしょうか。

よくあるケースでいうと、お客さまのニーズに応えよう、評価を得ようとするあまり、エンジニアがいつまでも同じ仕事に縛り付けられてしまう、ということです。例えば、このような力を持ったエンジニアは多くのお客さまから高い評価を得られやすい傾向にあります。

- **技術力がある**
- **主体性がある**
- **課題を発見できる**
- **柔軟性がある**
- **折衝がうまい**

こうしたスキルを持ったエンジニアは、継続依頼されやすく、長年同じお客さまと一緒に働くことになることも少なくありません。すると自然とコミュニケーションが深まり、その企業の仕事のやり方、文化などもよく理解できますので、お客さまからは「この人なら安心して任せられる」という信頼を得られます。しかも「自社を熟知してくれているから、あれこれ説明しなくてもよくて助かる」など、重宝がられるのです。プロジェクトを立ち上げるたびに新しいエンジニアを探すよりも、仕事ぶりをよく知っているエンジニアに依頼し続ける方が、お客さまとしてもリスクが低く効率も良いわけです。当然、「他のプロジェクトも頼むよ」と、さまざまな仕事が同じエンジニアに振られることになります。当然お客さまも営利企業ですから、自社のニーズに沿ったエンジニアを求めるのは当たり前のことです。

エンジニアとしても、お客さまから信頼や高評価を受けることは達成感ややりがいにつながるため悪い話ではありません。プロジェクトは変わっても同じ会社の仕事ですから、基本的には手慣れた業務が多いですし、よりその会社に合ったご提案などもできるでしょう。するとますます評価は高くなり、仕事が仕事を呼ぶ好循環ができあがってしまうのです。

しかし、ちょっと冷静に考えてみてほしいのです。たしかにお客さまから評価いただけるのは良いことですが、エンジニア本人はいつまでも同じ業界の同じような仕事の経験しか積むことができないのは、果たして本当にエンジニアにとって「良いこと」なのでしょうか？ 私は必ずしもそうだとは思えません。

10年以上前のことです。同じお客さまのプロジェクトに長く携わっていたエンジニアが、たまたま別のお客さまのプロジェクトへ参画せざるを得なくなったことがありました。

もともと担当していたプロジェクトでは、要領良くスピーディーに開発を進め、製品のマイナーチェンジなどの変更にも柔軟に対応できていた、お客さまの社内事情にも理解し非常に立ち回りもうまい、お客さまの独自の開発ルールにもある部分ではお客さまよりも精通している、まさに「頼れるエンジニア」でした。そのため、お客さまからの評価や信頼も高く、「自分は十分にスキルアップできている」と自己評価も高かったのです。

しかし、新しいお客さまの仕事に移った途端、なかなかうまく対応できず、エンジニアは壁にぶつかってしまいました。「同じ仕事なのにどうして……」と悩んだエンジニアでしたが、そのときに初めて、「以前の仕事では習得していたのは、汎用的なものではなく、**特定のお客さまに限定した技術**だったんだな」「スキルや業務スピードが向上していると思っていたけれど、実は**慣れた仕事を単にこなしていただけ**だったんだ」と気づいたといいます。

一方、テクノプロ・デザイン社でも新しいプロジェクトで思わぬ壁にぶつかり苦労させてしまったことに、反省しました。それと同時に、「1社の高評価が、汎用性のあるサステナブルなエンジニアにつながるわけではない」ということに気づくことができました。エンジニアのキャリア相談にＶＥＭが対応する制度を導入するなど、エンジニアの持続的成長のためにキャリアプランの選択肢としてシフト（担当顧客の変更を伴う異動）についてエンジニアと相談するようになったのもこの経験が活きています。

お客さまからの高評価は、もちろん良いことです。しかしだからといって、「このまま同じように仕事をしていればいい」という油断はどうかしないでください。

継続案件であっても、「**今、自分は成長できているだろうか**」「**突然ほかの仕事をする**

ことになったら、対応できるスキルを持っているだろうか」と、定期的に自身の環境やスキルレベルを振り返ることを忘れずに行いましょう。もし「このままだと成長が望めない」、「自分にはもっと挑戦すべき分野があるのではないか」などと感じたら、長いお付き合いのお客さまの依頼であっても、ときに断る勇気も必要です。

自分のキャリア、一度きりの人生をもっと輝かしいものにするために。繰り返しになってしまいますが、自身でキャリアチェンジについて考えることはもちろん、社内にキャリア相談の制度があれば、ぜひ活用して客観的なアドバイスを求めてみてほしいと思います。

上流、中流、下流過程のすべてに〝幸せスイッチ〟は存在する

前述したウォーターフォール型開発モデルにしかり、エンジニアが関わる仕事には基本的に「上流工程から下流工程に向かう」という流れがあります。そのことで、「上流

工程が下流工程よりも重要なプロセスである」といった勝手な仕事の〝序列〟が生み出されることも少なくありません。しかし、この考えは間違っています。

なぜなら、以下のような開発工程は、単に効率よく正確に開発を進めるためにプロセスを順序立てたもので、一つひとつの工程に優劣はないからです。上流、下流ではなく、どちらかといえば「前半工程」「後半工程」と捉える方が正しいでしょう。

改めて、エンジニアの業務には簡単に分類するだけでもこれだけのものがあります。

・要件定義
・基本設計
・詳細設計
・実装コーディング
・テスト
・システム移行
・運用保守

たとえば要件定義では、お客さまにヒアリングすることで課題を洗い出し、アイデアを集めながらプロジェクト全体の方向性を決定します。

基本設計や詳細設計は、要件定義から導かれた方向性に対してさまざまな技術的選択、設計パターンなどを探求し、全体のアーキテクチャを設計するプロセスです。

実装コーディングは、実際に新しい機能を実現するクリエイティブな業務。テストは「バグをいかに見つけるか」といった宝探しのような冒険的な業務と言えるでしょう。最終的な品質確保のためにとても大事な工程です。

このようにそれぞれのプロセスには、一つひとつ重要な役割があります。どれひとつ欠けても、システムを開発することはできないのです。

ですから、

「自分は下流工程に配属されたから、能力の低い人材なんだ」

「上流工程を担当してこそ、一人前のエンジニアだ」などと思わないでください。決してそんなことはありません。

重要なのは、**自分の適正に合った業務、面白みを見出せる業務に就くこと**です。何事にも向き不向きがあります。たとえば本来テスト業務に向いている人が、要件定義を担当した場合、思うように結果が出せずモチベーションが下がってしまうことがあります。しかし一方でテスト業務に就いてもらうと、まるで水を得た魚のように周りの期待以上の成果を上げる。そしてその人からのフィードバックで設計面での改善点が見つかり、より良い製品になる・・・じつはこんな話は珍しくありません。よくある話なのです。

そこでテクノプロ・デザイン社は担当業務のミスマッチを防止するため、二段構えの取り組みを行い、検証を続けています。

まずは面接時、以下の業務分野について適性検査を行って社員一人ひとりの得意分野を判断します。

・研究開発
・基礎研究
・品質管理
・商品企画
・分析評価

その方がどの分野に適性が高いか、チェックします。それにあわせて、さまざまなシチュエーションでいかに課題を発見し、解決策を提案できるかといった「デザイン思考テスト」も取り入れています。これによっても、課題を見つける能力に長けているのか、解決策を探求する能力に長けているのかといった特性がわかり、その人により適したプロジェクトを検討できます。

次に、検査結果を基にしてキャリアデザインアドバイザーが面談します。エンジニアと直接じっくりと対話することで、「どんな仕事がしたいのか」「将来どんなキャリアを描きたいのか」といったことの輪郭がはっきり見えてくるだけでなく、本人も自身自身を振り返るよいきっかけとなります。

どのような工程の業務であっても、自分の得意なことを十分に活かせる分野であれば、「楽しい！」「やりがいがある」といった幸せスイッチは必ずあります。もし今の仕事に幸福感を見出せていないのだとしたら、それはあなたに合っていないだけかもしれません。ぜひ**「上流か下流か」といったことに捉われず、「自分は今幸福か？」といったことをバロメーターに仕事を考えてみてください。**きっとよい変化が訪れるはずです。

エンジニアが「夢」を宣言したほうがいい3つの理由

「想像できないものは、実装できない」。エンジニアのみなさんであれば、この言葉の意味がよくおわかりいただけるのではないでしょうか。

これは、私たちがとても大切にしている「**夢**」についても同じです。自分自身の中にゴールをイメージできない夢は、残念ながらいくら頑張っても叶えることはできません。しかもただイメージするだけでは、時の経過とともにその形があいまいになってしまったり、最初の理想像から揺らいでしまったりすることもあるでしょう。

ではどうすれば理想像から離れずにいられるのでしょうか。それはとてもシンプルなことです。**自分の夢を「周りに宣言する」**のです。なぜ宣言した方がよいのか、その理由は3つあります。

1つ目は、**叶えたい夢を自分の潜在意識にしっかり刷り込むことができるため、あいまいになることがなく、自己実現につながりやすい**からです。急に潜在意識の話が出てきて恐縮ですが、人には「顕在意識」と「潜在意識」という2つの意識があるといわれています。顕在意識とは、普段暮らしていく中で自ら「自覚」している意識のことです。それに対し「無意識」で自分の行動や言動に影響を与えるのが潜在意識です。この潜在意識に働きかけることが、夢の達成には不可欠といわれています。ちなみに五感を使うほど潜在意識により働きかけられるので、声に出して言うだけでなく、紙に書き出して毎日見るといったこともあわせて行うとより効果的です。

宣言はできるだけ**具体的に**してください。たとえば「データサイエンティストになりたい」という漠然とした目標は、夢ではありません。データサイエンティストになって社会をどのようにしたいのか、どんな人に貢献していきたいのか、そうしたことが夢にあたります。可能な限り、夢を叶えた未来の世界を想像しながら、自分の在りたい姿を宣言しましょう。

2つ目は、**自己実現を意識することにより、社会全体の夢まで描けるようになること**です。

エンジニアは社会に役立つさまざまなものを作り出しています。自分の頭の中だけにあった夢を、宣言して周りと共有することで、新たな社会課題解決のアイデア、発見が飛び出すこともあります。いろいろな人の意見や助言を聞くことで、あなた自身にも「自分だけでなく、社会をよりよく変えていきたい」といった一段階大きなフィールドでの新たな夢が生まれることもあるでしょう。そういう意味で夢を語ることは、社会を変える大きなきっかけになる可能性を秘めているのです。

3つ目は、**チームや上司、同僚を巻き込むことで実現せざるを得なくなる**ことです。

一人だけで夢に向かっていると「もうやめちゃおうかな」と諦めたくなったり、心が折れそうになることもあるでしょう。しかし、あなたの夢を理解し応援してくれる人たちが周りにいたとしたらどうでしょうか。「みんなにも宣言したし、最後まで頑張ろう」という気持ちになりますし、悩んだときは相談したり、くじけそうなとき背中を押してくれたり、これほど心強いことはありません。

私もまた、自身の夢を周囲に伝え続けています。そしてその夢が実現しつつある、そんな実感があります。「そんなこと」と思わずにぜひ、ご自身の夢を語っていただけたらと思います。

常識を180度変える「エンジニアソリューションカンパニー」

ビジネスの変化が激しい現代では、従来と同じようなものづくりをしているだけでは生き残れない。サステナブルエンジニアになるには、変化に合わせて必要なスキルを身に付け、柔軟に対応する力が必要だと、これまで何度もお伝えしてきました。

テクノプロ・デザイン社ではこれに加え、「**何かを変える力**」や「**課題解決に向けて提案する力**」を重要視しています。開発を達成するために、「**主体性を持ち、必要なことを自ら提案し続けられるエンジニア**」こそ、これからの時代を末長く生き抜いていけるエンジニアだと考えるからです。

これまでの高度成長経済モデルでは、文系集団が企画し、理系の技術者集団がものづくりをし、文系集団がそれを販売するという形態が長く踏襲されてきました。しかし、みなさんも感じていらっしゃるように、一昔前のそうした常識は大きく変わりつつあります。

教育の現場でも、文系・理系といった枠にとらわれず、さまざまな情報を活用しながら、課題の発見・解決や社会的な価値の創造に結び付けていく「ＳＴＥＡＭ教育」が推進されています。ＳＴＥＡＭとは、サイエンス（Ｓｃｉｅｎｃｅ：科学）、テクノロジー（Ｔｅｃｈｎｏｌｏｇｙ：技術）、エンジニアリング（Ｅｎｇｉｎｅｅｒｉｎｇ：工学）、アート（Ａｒｔ：芸術）、マスマティクス（Ｍａｔｈｅｍａｔｉｃｓ：数学）の各分野を重視した学びのことです。

エンジニアがクリエイティブな発想ができるようになり、ビジネススキルを上げることで、これまでのビジネスモデルでは考えつかなかったような製品やサービスを開発できるはずです。私が所属するテクノプロ・デザイン社も、目指すのは、「理系エンジニアはものづくりだけしていればいい」といった常識を１８０度変える、エンジニアソリューションカンパニーです。

今後は、プロジェクトにおいてもエンジニアが主体性を持ち、ＤＸ領域においてもしっかりと視野に入れながら、クリエイティブな戦略を思案しなくてはならないシーンが増えてくるでしょう。

そうした局面に、いかに柔軟に対応し、能力を最大限に発揮しながらよりよいアイデアを提案し、さらには自分自身も成長していけるエンジニアになれるか。テクノプロ・デザイン社では、世の中が抱いているニーズ、そしてエンジニアそれぞれの特性を分析しながら、未来を生き抜くサステナブルエンジニアを一人でも多く輩出できるよう、社員のサポートを続けていきたいと思っています。

日本は「Engineer Expand（技術者の技能拡張）」で「世界に羽ばたく国」になる

本章の最後に、テクノプロ・デザイン社がなぜ「エンジニアソリューションカンパニー」を目指す考えに至ったのか、もう少し深掘りしてお伝えしたいと思います。

一言でいうと「**エンジニアの価値を上げるため**」にやっています。

ビジネスとして会社の経済的な価値を上げるのは当然ですが、根っこにあるのは「**人の可能性を最大化する**」「**社員の成長が会社の成長**」と常々口にする、代表の嶋岡の信念にあります。

日本のIT、DX分野は、残念ながら海外から遅れをとっている状況です。いわゆるモノづくりにおける技術もかつての勢いはなくなっているとも評価されています。それは企業の問題ではなく、国全体の問題でしょう。その要因としてはニーズに対してのIT人材の不足、すなわち国の政策と教育面における見通しの悪さに加え、これまでお伝えしてきたように企業が人材育成にあまり投資しない風潮があること、また個々の学びに対する積極性が低いことなどがあります。

また、日本はたとえばハイブリッド車のように「1を2に変える」ことは得意でも、「0から1」にするようなものづくり、イノベーション、そして世界基準のルール作りは得意ではないといわれます。しかし、日本の細やかな気配りから生み出される精緻なものづくりの技術力、伝統的な技術を伝承していくことができる国体などは、世界でも類を見ないものです。一方で、「0から1」「ルール作り」を得意とする国はたくさんあります。たとえば欧米は、GAFAM（Google、Apple、Facebook、Amazon、Micro Soft）など、スタートアップから一気に世界を席巻する大企業に駆け上がる企業も少なくありません。

それは多分に「英語」という言語・文化圏という、彼らのビジネスを一気に世界に広げることができるとてつもなく大きなアドバンテージがあるからでもありますが、今後はテクノロジーの進化でアドバンテージの差は縮まるでしょうし、逆に日本が育ててきた文化のユニークさが海外で勝っていくイノベーションの源泉になるはずです。

こうした日本の特徴や世界での立ち位置を理解すれば、今の閉塞感を打ち破り、若者が将来に希望を持てる国になる勝ち筋が見えてくるはずです。そのために私は、クリエイティブなエンジニアが育ちやすい環境を整え、いかに日本のエンジニアの価値を上げていくかが大きなポイントとなると考えています。

「職人で甘んじるな。ソリューション思考を持ったエンジニアになれ」

これは、テクノプロ・デザイン社がいつも自社のエンジニアに伝えている言葉です。技術のスペシャリストが悪いわけではありません。その能力を活かして、より先に進んでほしいという想いです。ただプラン通りにシステムを作るエンジニアではなく、もっと視座を高くし、お客さまが解決したい課題は何か、それに対して今何を求めているのか、よりよいものを提供するために自分、あるいは会社には何が必要なのか。そうしたことを考えながらものづくりを進められるクリエイティブなエンジニアは、今後言うまでもなくニーズが高まり、市場価値が上がっていくでしょう。

当然ながらテクノプロ・デザイン社では社会課題を解決する次のテクノロジーは何か、それを身に付けるにはどういう知識が必要なのか、身に付けた技術はどこで発揮すると、よりレベルが上がっていくのかということを常に考え、一人一人のスキルのアップデートをサポートしています。そして自社だけでなく外部知的財産の調査と活用を通じアライアンスパートナーの選定を行い、エンジニア・お客さま・パートナー企業・その恩恵を受けるユーザーが共に成長していけるプラットフォームを構築していくチャレンジをしています。

そうすれば、たとえばWeb3．0の分野などで起業したい若いエンジニアたちの多くが「世界と競争していくには国外へ出ていかざるを得ない」という今の日本の現状も変えていけるのではないか。

クリエイティブ力を持った優秀なエンジニアたちが、海外ではなく日本国内で活躍し、正当な評価を受ける。それが実現すれば、次々とエンジニア発信のソリューションが生まれてくるでしょうし、エンジニアたちには国内企業のみならず海外の企業からもニーズが殺到するでしょう。日本のIT分野の遅れを取り戻す、ものづくりの技術力の再評価だけでなく、日本の国力も上がるのではないでしょうか。

文系人材がプランニングしたものを、理系人材が形にする。そうした構造は終わりを迎えつつあります。だからこそ、急がれるのはエンジニアの意識改革とリスキリングをはじめとした学びの機会です。そう考えたテクノプロ・デザイン社ではエンジニアソリューションカンパニーを目指すべく、教育やキャリアデザインに重きを置き、エンジニアのさらなる可能性の開放に挑戦し続けています。

本書を手に取ってくださったのも、何かのご縁です。読者のみなさんにも、ぜひ幅広いスキルを持ち合わせた**クリエイティブでサステナブルなエンジニア**を目指していただきたいです。そして日本のＤＸを発展させるだけではなく、世界にも堂々と羽ばたいてもらいたい。本書は、そんなことを思いながら書かせていただきました。

より多くのエンジニアのみなさんに、この願いが届くことを祈っています。

第7章まとめ

㉝テクノロジーの進化によって、エンジニアを取り巻く環境は日々変化している。

㉞中には業界自体が縮小しているケースもあり、将来は楽観視できない。

㉟一方で、変化を恐れることなくリスキングや現場での学びを深め、新しいことにも果敢に挑戦しているエンジニアには、明るい未来が待っている。

㊱仕事の内容にかかわらず、夢を持って働き、それを周囲にも宣言しながらチャレンジを続けることが大事。

㊲活躍し続けるエンジニアが、「世界に羽ばたく国」へと向かう日本の未来を担っている。

あとがき

私は昨年50歳になりました。これまでは日本という恵まれた環境下で既存の枠・レールに沿った昭和ステレオタイプ的な人生だった気がします。それがダメだったとも思っていません。でもここからまだ人生50年あるのであれば、今までの自分のステレオタイプの枷を外し、今までやってきてないことにどんどんチャレンジしようと思います（この本も私にとっては大きなチャレンジです）。

先ほど「若者が将来に希望を持てる国になる勝ち筋」というお話をさせていただきました。そのためには「失敗しても大丈夫な経済的に安定した国」であるべきですし、それを実現させるのに必要なのは、「基幹産業」だと思います。今回「ＣＰＳ」という言葉を何回か登場させていただきました。まさに日本が経済的に安定、成長するために重要なキーワードだからです。

みずほ銀行　産業調査部が２０２４年3月1日に発表した【日本・日本産業の勝ち筋～「失われたｘ年」に終止符を打つために～】というレポートがあります。まさに題名の通り、日本の今後の勝ち筋についてまとめられた内容になっています。日本産業は「モノづくり」「製造業」がけん引してきており、現場の改善力・高付加価値な製品の創出によりグローバルでプレゼンスが高い企業が多数存在していることがこれまでの強みであることが言及されています。事実、1970年以降から現在に至るまで、色々な産業の波がある中、日本のGDPの20％は常に製造業が稼ぎ続けています。ただし、これからは【消費者ニーズや社会構造の変化に合わせて、従来重視してきた製品の「機能」から「体験」へと価値をシフトさせるなど、ビジネスモデルの転換が不可欠であり、ここで帰趨を決めるのが、新たな強みを生み出し、弱みを補完する現実空間と仮想空間の高度な融合（＝CPS）と考える。】とあります。【CPSは、生産効率の向上や技能承継、労働力の強化、新たな付加価値の創出など、攻め・守りの両面で効果が期待でき、・・・製造業・非製造業問わず、低生産性や人手不足といった「ヒト」の課題が深刻化する日本産業全体が取り組むべきテーマである】ということです。

そして日本政府が志向する第5期科学技術基本計画において、未来社会の姿として「Society5.0」を提唱しており、サイバー空間とフィジカル空間が高度に融合した「超スマート社会」が期待されています。まさに「CPS」を軸としているということです。

では、日本はＣＰＳで世界をリードできるのでしょうか。ＣＰＳの主要な構成要素として４つ挙げられています。「①センシング（データを取得する）」「②コンピューティング（データを処理する）」「③アクチュエーション（機械を動作させる）」「④アプリケーション（データの源・活用対象）」です。①のセンシングでは実際に取得されるデータが大事ですが、日本の高品質なモノづくりにおいてここに優位性があります。データ取得の源でもあるハードウェア自体の品質やセンシング技術によってデータの品質そのものが変わるからです。ハードが粗悪だと、取得できるデータも粗悪だということです。③のアクチュエーションですが、世界のモノづくりを支える制御機器の領域は日本のお家芸です。これ以外にカギを握る要素としてAIの発展、電力、サイバーセキュリティなどもありますが、これらについてもロボティクス・量子暗号技術など日本の強みを有する技術が活かされると推測されます。

このテーマだけでおそらく本数冊ほどのボリュームになりますし、それは専門領域の方々にお任せしたいと思いますが、私が言いたかったのは「日本の強みを活かそう」ということです。

レガシーシステムの刷新のためや、世界からの出遅れを挽回するためのＩＴエンジニア不足への対策はもちろん必要ですし、今後の成長のための先端デジタル人材の育成も必要です。その先端人材を日本の強みの分野に配置することが大事なのではないかと思います。そして、日本という国にとって、「若者が安心してチャレンジできる国＝経済が安定成長する国」になるために不足している人材は、ＩＴだけでなく、実は機械・電気電子・制御といったモノづくりのエンジニアであることも、もっと世の中に知っていただきたいと思います（残念ながらこういったことを学ぶ学部が年々減少していますす）。そして、その融合こそが今後の日本の未来のあるべき姿だと思います。

色々な調査機関や企業が「中高生のなりたい職業」について調査し、レポートを挙げてくれています。

ソニー生命の２０２４年度版の調査ではＰ２５３の図の通りとなっています。会社員とパイロット・運転手・エンジニアがわかれているのがよくわかりませんが、それはさておき、男子ではエンジニアはそこそこいい位置にいるように見えます。

ちなみに２０１７年ではＰ２５４の図です。これをみて２０２４年度版を見返すと、ＩＴエンジニアは男子中高生ともにまだまだ人気ではありますが、モノづくりエンジニ

◆将来なりたい職業［複数回答形式（3つまで）］※中学生の回答結果を表示

	男子中学生(n=100)	%
1位	YouTuberなどの動画投稿者	23.0
2位	公務員	13.0
3位	会社員	11.0
4位	ITエンジニア・プログラマー	10.0
5位	ゲームクリエイター	9.0
	社長などの会社経営者・起業家	9.0
	ゲーム実況者	9.0
	プロスポーツ選手	9.0
9位	プロeスポーツプレイヤー	8.0
10位	歌手・俳優・声優などの芸能人	7.0
	ロボット開発技術者	7.0

	女子中学生(n=100)	%
1位	歌手・俳優・声優などの芸能人	18.0
2位	絵を描く職業(漫画家・イラストレーター・アニメーター)	13.0
3位	デザイナー(ファッション・インテリアなど)	11.0
	医師	11.0
5位	保育士・幼稚園教諭	10.0
6位	看護師	9.0
7位	公務員	7.0
	美容師	7.0
9位	会社員	6.0
	YouTuberなどの動画投稿者	6.0
	動物園や水族園の飼育員	6.0
	文章を書く職業(作家・ライターなど)	6.0

◆将来なりたい職業［複数回答形式（3つまで）］※高校生の回答結果を表示

	男子高校生(n=400)	%
1位	ITエンジニア・プログラマー	12.5
2位	公務員	12.3
3位	会社員	11.3
4位	YouTuberなどの動画投稿者	10.5
5位	ゲームクリエイター	8.5
6位	運転手・パイロット	7.2
7位	教師・教員	7.0
8位	ものづくりエンジニア(自動車の設計や開発など)	6.8
9位	ゲーム実況者	6.5
10位	歌手・俳優・声優などの芸能人	6.3

	女子高校生(n=400)	%
1位	保育士・幼稚園教諭	12.0
2位	公務員	11.5
3位	看護師	9.8
4位	会社員	8.3
	歌手・俳優・声優などの芸能人	8.3
6位	教師・教員	8.0
7位	デザイナー(ファッション・インテリアなど)	7.8
8位	絵を描く職業(漫画家・イラストレーター・アニメーター)	6.8
	ショップ店員	6.8
10位	美容師	6.5

アはかなりランキングが下がっています。また、年度問わず女子にはエンジニアの「エ」の字もありませんので、ここも大きな問題だと思います。

どの調査機関が調査しても2017年のような状態にはすべきではないか（女性は根本的に変えなきゃですが）、ぜひそうしたいというのが私の想いでもあります。

◆将来なりたい職業［複数回答形式（3つまで）］※中学生の回答結果を表示

	男子中学生（n=100）	%
1位	ITエンジニア・プログラマー	24.0
2位	ゲームクリエイター	20.0
3位	YouTuberなどの動画投稿者	17.0
4位	プロスポーツ選手	16.0
5位	ものづくりエンジニア（自動車の設計や開発など）	13.0
6位	公務員	11.0
7位	学者・研究者	10.0
	社長などの会社経営者・起業家	10.0
9位	教師・教員	9.0
	医師	9.0

	女子中学生（n=100）	%
1位	歌手・俳優・声優などの芸能人	19.0
2位	絵を描く職業（漫画家・イラストレーター・アニメーター）	14.0
3位	医師	13.0
4位	公務員	11.0
5位	文章を書く職業（作家・ライターなど）	10.0
6位	保育士・幼稚園教諭	9.0
7位	教師・教員	8.0
	ゲームクリエイター	8.0
9位	デザイナー（ファッション・インテリアなど）	7.0
10位	YouTuberなどの動画投稿者	6.0
	マスコミ関係（記者・TV局スタッフなど）	6.0

◆将来なりたい職業［複数回答形式（3つまで）］※高校生の回答結果を表示

	男子高校生（n=400）	%
1位	ITエンジニア・プログラマー	20.8
2位	ものづくりエンジニア（自動車の設計や開発など）	13.3
3位	ゲームクリエイター	12.5
4位	公務員	11.8
5位	学者・研究者	9.5
	運転手・パイロット	9.5
7位	教師・教員	7.8
	会社員	7.8
9位	プロスポーツ選手	7.3
10位	YouTuberなどの動画投稿者	6.8

	女子高校生（n=400）	%
1位	公務員	18.8
2位	看護師	12.8
3位	歌手・俳優・声優などの芸能人	12.5
4位	教師・教員	10.8
5位	絵を描く職業（漫画家・イラストレーター・アニメーター）	9.8
6位	保育士・幼稚園教諭	9.0
7位	カウンセラーや臨床心理士	8.5
8位	デザイナー（ファッション・インテリアなど）	7.5
9位	学者・研究者	5.8
	会社員	5.8

先日パートナー企業の方から「御社のHPをあらためて拝見しました。持続可能な社会を実現するために【テクノロジー分野の境界、企業間の垣根を越えて、技術と人を、日本と世界をつなぎ、お客さまと社会の課題解決に取り組みます】という御社の価値観が素晴らしいですね。」と言われました。昭和ステレオタイプな私は日本の枠だけで考えてしまっていたので、これを機に少し枠を広げてみようと思います。ただやはり日本の強みを活かしながら相互に補

完し、価値観を共にできる国や経済圏と力を合わせるのが私にとっても現実的（私の残りの50年で届きそうな範囲）ですので、その枠の中で考えてみたいと思います。

そう考えた時には、製造業が国の基幹産業であり、今後ますます必要とされる半導体に強く、ＩＴが日本よりも進んでいて、文化的にも物理的な距離的も近い、アジア圏が私のイメージできる範囲と考えています。

世界の主要な国々において、製造業がＧＤＰ比に占める割合は16％と言われています。日本は50年前から常時20％以上あり、例えば韓国、台湾は現時点で30％を超えています。かつては製造業が基幹産業だったがＩＴや金融業などのサービス業に軸足がシフトした欧米では、米国は11％、英国・フランスは10％を切っていますので、やはりこのアジア地区が中心となり、ＣＰＳを軸に製造業のあらたな進化がもたらされる可能性が高いと考えます。ちなみに中国・ベトナム・タイなどは世界の工場という位置づけで、30％弱が製造業となっています。やはりアジア地区にはまだここからチャンスがあると私は考えています。

ＣＰＳを発展させていくことができれば、東アジア・東南アジアの経済が安定的に発展していくのではないか・・・こんなことは今までは考えたことありませんでしたが、

50歳をいいきっかけにして、共感いただける方々のお力をお借りしながら、日本や近隣諸国の発展に何か力を注いでみるのもいいんじゃないかなと思っています。

ということで、今後のチャレンジとしてやりたいことを箇条書きにしてみました。

①　製造業全体を盛り上げて、日本全体も盛り上げる
例）製造業を中心に色々な業界の方たちとのコンソーシアム的なものをつくる

②　ITエンジニア・ものづくりエンジニアを目指す若者を増やす取り組みをする
例）小学校〜高校との連携
例）インフルエンサーとのコラボレーション
私はエンジニアは産業界のマジシャンだと思っているので、共に発想と技術で世界に感動を与える仲間としてコラボしてみたい

③　各地域の活性化のためにエンジニアの力を開放する

例）各地域の行政、製造業、エンジニアリング企業とのイベント

④　異分野・業界とのコラボレーションする

例）マイナースポーツや伝統産業とテクノロジーの融合

⑤　アジアのＣＰＳ分野の発展に寄与する

例）アジア人材の採用・育成、各国企業・学校との連携

他にも色々ありますので、もし「何か一緒にやろうぜ」という奇特な方がいらっしゃれば、ぜひお声がけください。

メールアドレス　Sakagami.makoto@technopro.com

本書はエンジニア個人が持続可能なキャリアを積んでいくために「サステナブルエンジニア」と称してお話をさせていただきました。実は「サステナブルエンジニア」にはもう１つ意味があります。それはぜひみなさんの力で持続可能な社会を作っていただき

たいということです。エンジニアにはそれだけの力があります。

最後になりましたが、本書を書くにあたって様々な方にお世話になりました。弊社代表の嶋岡との対談を通じ、日本の製造業の未来の可能性についてあらためて気づきを与えていただきました、東京大学名誉教授・早稲田大学 ビジネス・ファイナンス研究センター研究院 藤本隆宏 教授。この書籍を出すという思いつき段階から全然筆の進まない私を辛抱強くサポートしてくれたハートランドの潮凪 洋介さん、掛端 玲さん、宮嶋尚美さんと、ビジネス教育出版社の高山 芳英さん。

そもそも「本を出したらいいじゃないですか」と声をかけてくれたTecrhymeの杉浦大介さん。

アジア人材について常にアイデアをくれるビーウェルの大亀 雄平さん、山田 功生さん。

いつも喫茶店で一緒にパフェを食べながらグローバル視点のアドバイスをいただける新谷美佐緒さん。

書くネタにつまり、毎週のようにカウンターで一人でお酒を飲んで現実逃避しているのを優しく見守ってくれた六本木 万徳の大将 村上 聡さんと常連客のみなさん。

アスリートとエンジニアの共通点について気づかせてくれるエスリエールの宇山 賢さん、太田 奈々海さん、Ambition22の羽生 直剛さん。

エンタメ業界の観点からいつもインスピレーションを与えてくれ、時には出張先のホテルにまで電話をくれる永井・ジェフ・裕之さん（なんで私が泊まるホテル知ってるねん‼）。

普段の採用活動や人材開発において多くの方々から様々なアドバイスをいただき、またみなさんのＳＮＳや様々なメディアでの発信から日々気づきをいただいたことが、本書の基盤にもなっております。

Talent Xの細田 亮佑さん。

一般社団法人ＨＲテクノロジーコンソーシアムの香川 憲昭さん。

Ｌｅｉｎの芦川 由香さん、白旗 和朗さん。

一般社団法人グローバル人事塾の樫村 周磨さん。

リスナーズの垣畑 光哉さん。

MASTERPIECEの吉永 亮さん。

アースメディアの松本 淳さん。
リンクフリーの桑原 尚樹さん。
Eiiconの新宮領 宏太さん。
イヴォーグの徳山 求大さん。
Evo Venturesの落合 俊之さん。 宮島 徹雄さん。
iU情報経営イノベーション専門職大学の中村 伊知哉学長。
キープレーヤーズの髙野 秀敏さん。
関西リクルーターズラボの和田 真知さん。
Will Locationの福井 康平さん。
Freecracyの国本 和基さん。
ウィルゲートの吉岡 諒さん。
mark&earthの金子 京史さん。
リアルカレッジの中谷 裕次さん。
Cast a spellの青田 努さん。
WHOMの早瀬 恭さん。

アカリクの山田 諒さん。

ＭＩＸＩの杉村 元規さん。

ＳＶＯＬＴＡの佐藤 裕さん。

ポラスの石田 茂さん。

いつも本当にありがとうございます。

エージェント会社のご担当者のみなさん。営業時代のお取り引き先の皆さま。

生意気な私を辛抱強く教育していただいた二人の師匠、伊東和雄さん、相川義直さん。みなさんに鍛えていただいたおかげでここまでやってこれました。

本当はもっともっとたくさんの方にお礼を言いたいのですが、それはまたお会いした際にさせていただこうと思います。

社内では、ヒアリングに快く応じてくれたテクノプロ・デザイン社のエンジニアのみなさん、採用部門のメンバーのみなさん。いつも私の思いつき、無茶振りにブーブー言いながら付き合っていただき感謝です。

家事もせず週末に仕事をする私を我慢して受け入れてくれ、憂さ晴らしにとＫ－ＰＯＰのライブに一緒に行ってくれる妻と子供たち。今後とも末永くお願いいたします。

そして本書を最後まで読んでくださったみなさんに心から感謝し、私の最後の言葉としたいと思います。この本によってほんの少しでもみなさんの原動力が生まれたらとても嬉しいです。どこかでお会いしたら気軽にお声がけください。本当にありがとうございました。

阪上誠

読者限定無料特典

「エンジニア 14 分野適性診断」

本書第 2 章に記載のテクノプロ・デザイン社「技術戦略の羅針盤」（将来の市場性・技術革新の流れを見据えた 14 の専門分野・要素技術）について、あなたが 14 分野のうち、特にどの分野の適性があるのかを WEB 上で診断することができます。

本書及びこの診断も参考に、是非ハッピーなサステナブルエンジニアを目指してください。

https://www.technopro.com/design/recruit_cp/career/lp/publication/

（※読者特典は予告なく変更・終了することがございます）

【著者】

阪上誠

株式会社テクノプロ テクノプロ・デザイン社　採用本部長。テクノブレーン株式会社 取締役。
1974 年兵庫県西宮市生まれ。立命館大学出身。学生時代に阪神大震災を経験したことで、地元の復興に役立ちたいという思いを持ち、大学卒業後に近畿地区を中心とした建設資材商社の株式会社たけでんに入社。被災地である阪神地区の復興関連の物件に営業職として携わる。
2001 年テクノプロ・グループの前身の会社に入社。営業職からスタートし、新設会社の社長、事業会社の支店長、新規プロジェクトの企画を経て、2021 年に採用部門の責任者に就任。営業では大口顧客の開拓と既存顧客の拡大。マネジメントでは新規事業の立ち上げと不採算部門の立て直しの両面を経験。現職では採用でいかに会社を強くするかというミッションを担い、「採用と人材開発を通じて事業をドライブさせる」ため奮闘中。
情報経営イノベーション専門職大学 客員教授。東京テクニカルカレッジ・YIC 情報ビジネス専門学校 教育課程編成委員。共著に「若手が活躍できる会社」『「はたらく」の未来』（共にリスナーズ株式会社）がある。
趣味は読書と食べ歩き、スポーツ観戦、K-POP のライブ観戦。

本書の内容は筆者個人の見解に基づくものです。
事実に基づいて編集しておりますが情報セキュリティや個人情報保護に考慮し一部改変しております。

エンジニアの持続的成長 37 のヒント
— RESKILLING OF ENGINEER —

2025 年 2 月 1 日　初版第 1 刷発行

著　者　阪　上　誠
発行者　延　對　寺　哲
発行所　株式会社 ビジネス教育出版社

〒 102-0074　東京都千代田区九段南 4-7-13
TEL 03(3221)5361(代表)／FAX 03(3222)7878
E-mail ▶ info@bks.co.jp　URL ▶ https://www.bks.co.jp

印刷・製本／モリモト印刷株式会社
ブックカバーデザイン／飯田理湖　本文デザイン・DTP ／モリモト印刷株式会社
企画協力：潮凪洋介（HEARTLAND Inc.）　編集協力：掛端玲・今崎人實
落丁・乱丁はお取替えします。

ISBN978-4-8283-1114-2